Caring

危而不亂

與病人及親屬面對倫理困境

肯尼斯・莫特拉姆 著
黃東英 譯

▼

Caring 系列

危而不亂

與病人及親屬面對倫理困境

Caring for Those in Crisis

Facing Ethical Dilemmas with Patients and Families

作者

肯尼斯．莫特拉姆 Kenneth P. Mottram

翻譯

黃東英

責任編輯

鄧英偉

裝幀設計

奇文雲海．設計顧問

■

出版／發行

基道出版社

香港沙田火炭坳背灣街26號富騰工業中心1011室

LOGOS PUBLISHERS

Unit 1011, Fo Tan Ind. Centre, 26 Au Pui Wan St., Shatin, Hong Kong

電話：(852) 2687-0331　傳真：(852) 2687-0281

網址：http://www.logos.com.hk

承印

海洋印務有限公司

●

9/2008 初版

Cat. No. LP362

ISBN 978-962-457-362-6

刷次	10	9	8	7	6	5	4	3	2	1
年份	2017	2016	2015	2014	2013	2012	2011	2010	2009	2008

鳴謝

承蒙各界人士的幫助和支持，本書得以完成。謹此感謝諸位醫生、職員及院務主任，我有幸在照顧病人及家屬的工作中，從他們身上學習，並與他們一起服事。他們代表了全國及全世界熱心而投入的醫護從業員。

我在接受培訓的幾年裏，有幸接觸到多位教育家，得以在了解生命倫理和醫學倫理方面獲益良多。感謝弗里德曼（Mel Friedman）醫生，他是我博士課程第一學期的醫學倫理科的督學；感謝密蘇拉市（Missoula）蒙大拿大學（University of Montana）的國家郊區生命倫理項目負責人庫克（Ann Cook）博士和霍斯（Helena Hoas）博士，他們用私人時間幫助我了解倫理困境和關顧者的關注；感謝加拿大南方浸信會神學院（Canadian Southern Baptist Seminary）的科布（Jimmy Cobb）博士，他指正了我的文章，並向我建議了新的研究領域，成為我的朋友和寶貴的支持；多謝畢德生（Eugene H. Peterson），他的啟發、鼓勵和祈禱將繼續是我個人和工作上的喜樂，使我深感榮幸。

還有很多牧師和院牧同工，多年來在我所投身的經歷危機、面對人生旅程裏的一些災難事件的事工中，給予了我支持，跟我建立了師友關係，這些對於我來說非常重要；其中令我印象尤深的有弗倫奇（Dallas French）牧師、黑斯廷斯（Thomas Hastings）牧師、利貝克（Herb Luebeck）牧師、斯塔伯格（Robert

Starburg）牧師和蓋爾（Milton Gire）牧師。

最後，感謝家人和子女一直以來給我鼓勵和愛。拉斯（Russ）、羅布（Rob）、克里斯塔（Krista），你們是我寫此書的原因。蘇珊（Susan），你是我生命的喜樂。

我把這本書獻給亦師亦友的泰勒（Paul J. Taylor）牧師，他與夫人瑪里琳（Marilyn）教懂我何為院牧之情。他雖已離世，但留下了對他感激不盡的病人和家屬。

本書內所有的姓名和事件都經改動，但有真實的個人經歷為根據。

「尤其要緊的是：你要對自己忠實，
猶如夜之隨日，這樣，
你才不會對人虛假。」

莎士比亞（Shakespeare）：《哈姆雷特》（*Hamlet*）

前言

對我們大部分人來說，「醫學倫理」是遙不可及的學術：它是教授在課堂裏講授的東西，讓學生做筆記、寫論文或考試。再沒有一個想法可比這個想法離事實更遠。醫學倫理是個簡略語，簡明地把不少人在醫院那令人不自在及非人性的場境裏，將要處理複雜情緒及惱人的決策的情況，表達出來。我們在毫無準備及困擾的時候，面見素未謀面的醫生，把他當作處理生死的專家或之類的人物。這個專家讓我們這些業餘人士做決定。我們感到迷惘，已經是很好了，最差的狀態，是發狂發瘋。

危機。是事情變好或變壞的決定性時刻。有時候，我們在決策時表達的意見，可能或不可能影響事情的「好或壞」。危機迫使我們跌進生與死的事件之中，當中的危機決策一點也不抽象或理論性，我們也不能在教科書裏查找到「正確的」決策。

危機是尋常生活的障礙物。我們沒法預料它的發生：汽車意外、遇上可怕的自殺不遂事件、恐怖襲擊。我們往往在洗滌碗碟、修剪草坪、百慕達（Bermuda）旅行、教室上課、修理水龍頭時，得悉這些消息。我們在情緒或精神上都沒有戒備。怎麼辦呢？我們沒有頭緒、沒有禱告。

肯尼斯．莫特拉姆（Kenneth Mottram）用他日間（有時甚至是晚上！）的時間，去服事面臨生死決策危機的男女，他們要為身陷危難的配偶、子女、父母、朋友做決定。他主要在醫院的急症室進行這些工作。雖然，在定義上，危機是不能提前準備應付的，而每個危機的細節也不盡相同，但是，當中仍有一些能夠做的預備工作。而莫特拉姆博士幫助我們做這些準備。

他把我們帶進其工作裏所面對的危機經驗之中，娓娓道出其中的故事，讓我們可以在想像及禱告裏，預先經驗危機的世界。醫療危機往往會涉及複雜的情緒和多層面的家庭動力，他從中給我們一個定向。然而，更重要的是，他從基督教及聖經世界指出我們可走的方向，為我們提供一個更大的現實，讓我們在其中生存及死亡。他對基督徒如何祈禱及傾聽、彼此關心及愛護，都給予仔細詳盡的指引，由是張開醫院病房或醫生診症室的牆壁，進入上帝真理的浩瀚世界，以及歷代以來有著睿智地生存及死亡的經驗的基督教羣體之中。他沒有說出特定情況裏的對錯與否，擴闊了我們對危機的理解，不囿於醫學選擇給危機所下的定義。莫特拉姆博士把我們聚集起來，成為準備面對生死決策的男女的羣體，按照耶穌曾經（和如今）在我們中間活出的悔改、寬恕和盼望去進行決策。

這本書不是為特定的人士寫的——這書裏面所提及的課題，那麼有血有肉及觸手可及，是我們每一個人都會不期而遇的。牧者、牧者的家庭、醫生及護士，幾乎每個我想得到的人，都會在書中得到幫助及智慧。

本書每一頁都重申著一個急切的元素。我們活於一個健康護理愈趨非人性化的時代，世俗及政治層面的考量支配了這領域，將我們的考量遞減至只得這兩個層面，此一挑戰是空前的。而莫特拉姆博士擴闊了信徒的想像空間，使我們作好處理危機的準備，危機一旦來到，我們可以用對我們的價值觀及永恒層面上的生死之思賦予尊嚴的方式來處理。

畢德生（Eugene H. Peterson）

目錄

1

困難的決定

在急症室裏，我首次遇見傑克（Jack），他當時正在關顧幾位不安的病人家屬。他身穿紅格法蘭絨襯衫，身材魁梧，眼神和善，但樣子憂愁。他向我介紹自己，說自己是代表教會來的，剛在幾分鐘前收到教友家人的急電，於是趕到醫院來。原來，有一位老婦過馬路的時候遭貨車撞倒，被送進醫院，院方通知家屬，他們悲傷地急忙趕來。他們也想傑克伴同。我是駐醫療中心的院牧，也同時收到通知，得知急救直升機正運送一位傷者到來，就奉召到急症室。傑克剛踏進門口，我便遇見他。在急症室，直升機的救護人員剛抬著八十五歲的垂危老婦進來，並快速地把她送進創傷手術室，專注地進行初步檢測和維生介入治療。他們早已即場把膠氣管插進她的肺部，及用氣囊輸氣，直至可以把它接駁到醫院裏的呼吸器上。刻下，她正接受靜脈輸液及血壓支援。初步的診斷顯示，她的腿部和臀部多處骨折。根據現場的目擊者透露，她的身體一撞到貨車便被拋到幾英尺之外。在混亂之際，而我和傑克還沒有搞清楚意外的來龍去脈，又有五位傷者家屬到達了。他們一看見傑克，便走上前去，傑克擁抱他們，大家相擁作一團，手臂挽著手臂。我看得出來，這些家屬都把傑克當作可靠的朋友。傑克是他們所屬教會的教導長老。教會的主任牧師剛好外出公幹，於是傑克即將要在此時此地處理這場家庭危機。家屬們需要心靈和信心上的支持，而他此時是他們惟一可以指望的屬靈領袖。

我把他們帶進家屬支援室，告訴他們，急症室的醫生一待傷者的情況穩定下來，就會過來向他們作簡短的報告。傑克馬上把家屬聚集在一起，跟他們同心祈禱。所有人都不加掩飾地流淚，為傷者米爾德里德（Mildred）代禱。我也跟他們一起祈禱，求上帝保護傷者，賜給急症室的醫護人員智慧並引領他們。傷者生死未卜。家屬們向我一一介紹自己，其中傷者的女兒邦尼（Bonnie）尤其激動。她大約五十五歲，樣子好看友善，但從眼角的魚尾紋裏看得出來，她曾經歷過一些滄桑歲月。後來，傑克悄悄告訴我，邦尼還沒有結婚，跟母親同住，在經濟上需要依賴母親。如果母親去世，邦尼就得離開家庭，因為沒有能力支付開支；**不但如此**，她面對的是失去摯愛的傷痛。去年，邦尼已有三位家屬相繼去世，連番的生離死別已使她無法承受。傑克說，她現在只是勉強支撐而已。

我身為醫院心靈關顧者，需要跟家屬保持溝通，讓他們及時知道創傷手術室裏的最新發生的情況。一般在這些意外之中，最令人愁煩的就是前景難料。我們很怕見到可能發生的事情，而我們卻不能陪伴在摯愛的身邊。我往返創傷手術室多次，告訴家屬們傷者正在接受各種治療的情況。共有四名醫生在診斷傷者，一位是急症室醫生，一位是胸肺外科醫生，一位是矯形外科醫生，還有一位是腦外科醫生。創傷手術室裏常常擠滿了十名或以上的醫護人員：三位註冊護士在照料傷者，一位呼吸系統治療師在監察呼吸器和傷者的氧氣水平，還有專責照X光和進行靜脈抽血的「技術人員」輪流進進出出，來照X光、收集血液樣本等等。醫院的主管（註冊護士主任）正在作筆記，寫下傷者牀邊的人員正在向他喊嚷的所有觀察到的身體活動結果。我聽著擁擠在這位弱小的女士周圍的醫護人員的談論，開始意識到，他們沒有預期她會生存。她除了盆骨和腿部多處折裂之外，頭部也受了傷，血液溢進臚腔。在我們醫院紀綠部的過往病歷表上還顯示出，她一直患有糖尿病和慢性肺癌，這些既存的情況令她的病勢更顯危急了。事實上，她在意外發生**之前**，身體的系統已經很差了。

當急症室醫生向家屬們解釋了傷者的全部情況，指出她未必能挺過這關時，邦尼開始失控了。這一切都發生得太快、太突然了，使人沒有時間準備好向她道別。醫生一定還有其他的辦法！傑克儘量使她平伏下來，並以沉著而虔誠的態度把家屬們聚集起來，再一次祈禱。我看著他們在這個改變生命的悲劇之中謙卑地仰望神的情形，不禁流下淚來。傑克祈禱說：「天父啊，我們無法理解這件可怕的事情。我們祈求祢介入拯救米爾德里德的生命。請讓我們看見祢的神蹟。請幫助醫生和護士們跟從聖靈的引領。我們感謝祢，因為祢已接受米爾德里德為祢的子女，得享天國的福分。主啊，我們信靠祢，祢是我們的力量、我們的避難所。我們祈求祢在此時醫治米爾德里德。奉主耶穌的名求。阿們。」

急症室醫生再來見家屬的時候，看上去束手無策，也很擔心。他說話的時候，語氣沉重。他輕聲地問家屬是否決定給予傷者積極性治療。他再次解釋說，她可能因傷重去世，不過可能會多活數天或數週。他們可以選擇的方式包括：（1）撤除維生儀器，讓她在數小時內去世；（2）繼續保持維生儀器的運作，把她轉送到幾百英里以外更大的醫療中心去；（3）繼續保持維生儀器的運作，讓她留在醫院裏，接近本地的家屬，以便家屬前來探訪，但是專業人員可能較少，不足以應付她肺部、腦部和骨折的嚴重傷勢，以及她的癌症和糖尿病。我坦白地跟傑克說，擔心進一步的治療會對家屬及邦尼構成經濟負擔，因為連日的深切治療加上多位專科醫生的參與，足以使邦尼破產，而到了最後，傷者仍不免一死。我作為院牧，一般很少如此坦白地跟家屬談論金錢的問題，因為談及金錢總好像「沒有人情味」或者被視為不尊重生命的價值。不過，由於傑克對家屬的支持已經很足夠，並且他的安慰中帶著理智，為人熟悉，我覺得提出「金錢問題」是合宜的。我常常遇到的情況是，家屬們往往因不能忍受失去摯愛而不惜一切代價，但最後卻因天文數字的醫療帳單而陷入困境。

然而，邦尼無法讓母親離開自己。她即使知道母親最多只能多活數週，仍然跟急症室醫生說，決定繼續保持所有積極性維生儀器的運作，就是進行所謂的「冒險的搶救措施」。其他家屬不確定邦尼的決定是否正確，但不想冒犯她。我跟傑克說，既然傷者是基督徒，作出有關的決定也許比較容易，我們可以有信心讓她「安息主懷」。事實上，她自己可能多次想過回到主耶穌身邊。這個盼望，對我們基督徒來說，似乎不難理解，但是，對於邦尼來說，沒有想過放手。傷者在深切治療部住了十六天後，與世長辭——她自意外發生後一直沒有甦醒過來。她的家人從來沒有向我提及醫療費用帶來的負擔，不過，據我推測，一定是所費不菲，對這個中收入家庭造成不小的影響。

像這種家屬面對生死抉擇的例子在我們醫院及醫療中心裏是很常見的。過往八年來，我一直在醫院從事院牧和心靈關顧者的工作。在病人危在旦夕的最初幾小時裏，我給予不安的家屬及他們的摯愛一種危機中的扶持。我時常陪伴家屬，跟他們一起聽深切治療科醫生講解病人面對的各種危險，以及家屬在生命素質的問題上和是否使用維生儀器的「冒險措施」上有哪些選擇。在這些情況下，院牧的角色很難做。我不能為別人作決定。我必須等待家屬作出決定，同時幫助他們了解繁多的選擇，而每一個選擇的結果都可能看來令人難以面對。在這種種的境況裏，心靈關顧者都必須坦誠待人。病人及家屬面對的事情都是實實在在發生著的，是難以面對的。我們基督徒往往隨口說出這句話：「不會有事的」。但事實可能並非如此。生命中的這些變故很可能就此改變了病人的生活模式或家庭成員之間的關係。有人可能就此永別了親友。事實上，思想或談論「死亡」總是困難的。去想像失去所愛之人會怎麼樣，實非易事。然而，生命是現實的，而死亡正是生命中的一部分。心靈關顧者處理的情況是真實的、實在的、真正的，有時是災難性的——淚水是難免的。

我的職責也包括幫助家屬在兩難之中作出倫理決策，其中關係到一個生命的延續或者終結。一些常見的問題，例如：「我父親有權提出結束自己生命的方式嗎？」、「如果我所信的宗教禁止某個療法，我可以加以拒絕嗎？」、「如果醫生建議某個治療方法，我一定要採納嗎？」等等，都涉及了病人及家屬的權利，是現今醫療中心所面對的富爭議性的新議題。在我接觸的有關家屬中，他們往往最不願意面對這種兩難的處境，有時候，他們為此而與一直信賴的醫生產生爭執。在這種情況下，一位屬靈領袖的關愛、支持和客觀的意見，有時可以給予家屬莫大的安慰和力量。

傑克雖然還沒有按立為牧師，但他對於教會和教友的委身，使他成為米爾德里德家屬的「牧養顧問」、主內的倡導者和心靈關顧者。在家屬們面對生命中非常可怕的一幕時，他成為他們的祝福和支持。他把他們聚集在一起為米爾德里德代禱，把他們帶到神面前，成為人在徬徨無助之中信靠上帝的榜樣。一般來說，在教友們面對危機的時候，無論是在病患之中，在面對死亡之時，或在需要作出困難的決定的時候，教牧同工往往成為他們的支持。不過，在現今的社會中，鄰舍、好友、家人及其他基督徒導師也可能突然之間需要演這個角色。對於大多數人來說，這種情況令我們不知所措，而這正是本書的重要之處。牧者、基督徒、輔導員、神學生、其他教會領袖都需要對醫學倫理和醫院心靈支援這些方面的內容有所認識，這也是我計劃在以下章節所解說的。醫院是令人望而生畏的地方，在危機之中，醫生以專業的姿態到臨、滿口陌生的醫學名詞，而每個醫生的取向不同，所關注的事項也不同，使在場的只想了解和應付突如其來的意外的人不知所措。在這種情況下，能有一位同行者給予心靈上的支持和倡導，就轉達了上帝的恩典。

在這令人傷心的時刻，家屬和病人還需要面對道德或倫理上的不同疑惑。畢竟每個人都要面對他們所愛之人死亡的可能。生命處在危難之中的病人，往往對生命自有一套獨特的看法，也有自己的願望。在傳媒導向的今天，我們許多人都聽過或者看過《仁心仁術》（ER）或《滅罪鑑證科》（CSI）等電視連續劇，裏面有各種對死亡和醫療程序的逼真描述。在我們的文化裏，我們慣於在不同問題和決定上質問醫護人員的做法。我們也看過不少新聞報導，描述政府干預為臨終病人「拔喉」的措施，也聽過家屬之間對某種醫療情況或者後果持不同的意見而爭吵。例如，在佛羅里達州（Florida）發生的一宗可怕的悲劇中，由於家屬對夏沃（Terri Schiavo）的照顧方式持不同的意見，而告上了法庭，甚至鬧上了國會，這令我們覺得不安。因此，我們開始認真地思索自己應該接受怎樣的照顧。我們很多人未雨綢繆，事先計劃好如果遇到同類情況將如何安排——如果我們有選擇的話。與以前很不同的是，我們現在都想走上舞台，讓別人知道自己的看法。在現今的醫院裏，每天都有醫生和家屬作出類似的決定，當中涉及很多倫理的問題。

傑克在回應這次米爾德里德的意外事件時，被迫要在突然之間面對一大堆的選擇。這些選擇各有未知的正面和負面的後果，因此，有時可叫作**兩難的困境**。在兩難的困境中，人需要困難地在兩條出路之中選擇一條，特別是任何一條路都能導致令人失望的後果。需要作出決定的人不知如何在兩者之間取得平衡。在傑克面對的困境中，他要思量的是：一方面邦尼可能將因失去母親而傷心過度，而另一方面，米爾德里德如果在生命的邊緣掙扎求存的話，需要承受莫大的痛苦。很多人都不願意讓自己所愛之人受苦。傑克是應該支持醫生，跟他們一樣認為米爾德里德的生存機會甚微，還是應該支持邦尼，儘量把米爾德里德的死亡延遲幾星期，好讓她做好失去母親的心理準備呢？他是否應該先考慮邦尼的需要，因為她將面對更長的生命？如果撤除維生儀器，讓米爾德里德在數小時內離去，後果又將怎樣呢？基督徒應該這樣做嗎？耶穌會怎樣做？米爾德里德的例子關係到某個行動的**對錯**與否。

另一方面，要考慮的因素還包括金錢問題。在人的生命繫於一線的時候，談論金錢問題是否合乎道德呢？我不知道米爾德里德的家屬對我提出經濟考慮一事有何看法。不過，傑克跟他們很熟。如果米爾德里德或者家屬們強烈反對使用用處不大的維生儀器或者不願虛耗儲蓄的話，傑克應該已經知道。最後，還有另一個問題要認真考慮，就是應否把米爾德里德轉送到另一家提供更佳護理的專科醫院。如果米爾德里德如期離開人世，她是希望在遠離親友的醫院病逝，還是希望在離去的時候有親友陪伴左右？當死亡逼近的時候，優質的醫療設施或許不是病人最關心的。不幸的是，這種最後決定所涉及的**人性**考慮往往被忽略了。也許，米爾德里德的家人在數週後才省悟到：米爾德里德是孤單地離開了人世。到時候他們如果想到這一點，也許會後悔。

在米爾德里德彌留之際，邦尼和家人需要面對各種的問題，幸好他們有傑克這位牧者在旁給予心靈上的支持和信仰上的倡導而渡過難關。我們知道，並非所有事情的結局都是一清二楚，不帶半點含糊的。事實上，醫學也是一種藝術，存在著各種的可能性，讓人難以測透。

兩個家庭，兩種選擇

有一天，一位二十八歲的女士因服用過量的泰利諾牌（Tylenol）止痛藥而被送進我們的醫院。她已婚，育有三名子女。在她出事後二十四小時內，家人沒有發現任何異樣。她的丈夫和子女如常地上班、上學，回來後看見她整晚睡覺也不以為意。到了第二天早上，她仍未醒來，他們才覺得奇怪。在救護車抵達的時候，她已氣若游絲，瞳孔呆滯，已經擴大——通常顯示出大腦已損壞。她在深切治療部被插上膠氣管，然後把氣管接駁到呼吸器。在以後的兩天內，她的還在唸小學的兩名女兒和一名兒子站在她的牀邊，問急症室的醫護人員及其他關顧者媽媽是否可以好轉，此情此景令在場的護士都心酸落淚。三天之後，情況仍未好轉，神經檢查顯示出她的大腦嚴重受損。她的丈夫、神經科醫生和我聚在一起，共同商量下一步應該怎麼辦。醫生告訴丈夫，按照目前的進展，病人可能仍然生存，但就不再是同一個人了，她可能需要長期留院。另一方面，沒人能準確地預測她將來的活動能力有多高（或者有多低）。丈夫聽見這個壞消息，覺得本身的資源有限，未來的經濟前景也難測，而妻子也不願意變成弱智或植物人，於是決定撤除維生儀器。呼吸器被截斷，血壓設備也停止運作，病人沒有了搶救措施，取而代之的是減痛措施，儘量減輕病人的痛楚。她在兩天之後去世，丈夫和三名子女面對突變，悲痛欲絕。永遠沒有人知道這位女士是自行了斷生命，還是意外地過量服用藥物。

在短短的十至十二週後，我們在醫院遇到另一宗類似事件。一位四十多歲的女士服用了一些泰利諾牌止痛藥試圖自殺。藥物留在體內超過二十四小時。她的丈夫打了急救電話，我們醫院派出直升機把她從郊外的寓所送回來。據她丈夫描述，她當時口吐白沫，皮膚發青。她被送進深切治療部後，有四至五名家屬相繼抵達，其中包括她的父母，都是虔誠的基督徒。他們願意讓我跟他們祈禱，給予心靈上的支持。他們也有幾位牧者朋友，但都住在離醫院數百英里以外的地方。他們坐下來聽同一位神經科醫生講述同一種狀況的時候，不知所措，不知道如何在那麼短的時間內作出決定。他們走出醫院商量，並一起祈禱。在近一個小時後，他們返回醫院內，決定在病人大腦的損傷可能無法復元，並且可能需要長期留院的情況下，繼續使用維生儀器。我仍然記得，很多深切治療部的醫護人員都認為這個決定不智，覺得這家人不明白這個決定的後果。不過，令每個人都驚訝的是，病人後來康復了，並且可以過獨立的生活！她與手術前的狀況不再一樣，但仍能在一種可以接受的生命素質下過活，不但本身過得有意義，也為家人帶來喜樂。

我接受院牧培訓的時候，一位很有智慧的臨牀導師曾說過：「在醫院裏，一些病人你沒想過會去世，最後卻去世了；有一些病人你沒想過會存活，最後卻活了下來。」在很多情況下，人們所作的決定並非黑白分明。為甚麼這家人堅持並「深深覺得」病人會活下來？而為甚麼另一位年輕的母親卻要離開需要自己、依賴自己的兒女？有時候，最好的醫生建議可能最終化為噩夢，而有的決定跟醫學界的判斷大相徑庭，卻成為信仰上的勝利，見證上帝在我們生命中的作為。

以上兩個家庭都需要面對幾個決定。雖然病人進來醫院的時候，所服的藥物都對生命構成危險，而醫生也可以穩定兩個病案的情況，但是否讓病人生存的關鍵卻在於生命的素質。病人的家屬需要考慮她們對於生命素質的願望，要思索他們的決定會否對病人本身和他們自己造成長期的痛苦。如果決定延續生命，可能最後會在長遠來講「造成傷害」。在兩個個案裏，初期治療及長期的護理所涉及的金錢問題可能再一次對所作的決定產生了影響。我猜，那位丈夫可能承受不了長期的身心折磨和經濟負擔。最後，在這些作決定的過程中，最核心的考慮是，這些家人在內心深處發現，生命是珍貴的，他們的決定影響到一個生命的延續或終結。在這種情況下作決定令人誠惶誠恐。

決定要快，結果難料

在急症室裏，家屬本來就坐立不安，卻要在短時間內作出決定，所以通常面對著很大的困難。有一天，一位名叫盧拉（Lula）的老婦在家中跌倒，家庭護理員發現了，看見她雙眼睜開，但沒有反應，並且呼吸困難、氣促，皮膚開始變色，於是打了急救電話。救護車的醫護人員很快抵達，給她戴上氧氣罩，趕著把她送進醫院。

一到急症室，醫生便啟動了心電圖儀器及氧氣監測器，並且進行靜脈輸液，同時檢查了她的血壓。盧拉的情況隨後急轉直下，呼吸開始停頓。她的女兒喬伊斯（Joyce）和女婿湯姆（Tom）在幾分鐘內到達。我走到他們面前，告訴他們有人在照顧母親，並把他們帶進家屬室，讓他們在等待醫生的進一步消息時有些私人空間。他們都很激動，關心母親在如此突然的意外之後會怎麼樣。當我回到創傷手術室，通知醫生家屬已到的時候，看見室內有八名醫護人員，都在忙碌地工作著。他們正準備為盧拉插上膠氣管。我返回家屬室，讓喬伊斯及湯姆知道最新進展，使他們作好心理準備，知道最差的情況有可能發生，並且他們的媽媽可能需要接駁呼吸器。喬伊斯立刻說：「不行，她肯定不想要這個東西。她不想變植物人。」喬伊斯的語氣如此堅定，令我不禁想，是否盧拉以前想過這種情況終有一天會發生，並且可能已經跟家人討論過這種問題，甚至可能已經立下生前遺囑或者預前指示呢？如果事實果然如此，就需要告訴急症室醫生。

我向約翰（John）醫生轉達了喬伊斯的決定，約翰醫生馬上跟他們見面。他清楚地向家屬指出，他已經跟病人溝通過，他剛才在盧拉的耳邊認真地大聲說：「我們需要為你接駁呼吸器，如果你沒有呼吸器，就會死。你希望我做甚麼？」盧拉的眼睛半睜半開，呼吸極其困難，身體勉強動了一下，張口說出微弱的「好」，並點了點頭。約翰醫生向喬伊斯和湯姆解釋了事情的經過，並且說需要儘快回急症室跟進盧拉的情況。家屬根本沒有時間去找生前遺囑。醫生隨即離開了家屬室。

我仍然陪著喬伊斯和湯姆，向他們解釋何為「知情同意」。我跟他們說，盧拉竟然可以對約翰醫生有所反應，是一件好事，而呼吸器一般只用作「減輕身體負荷」，給予病人時間，舒緩身體的壓力。如果病人清醒而理智，可以自行作出決定，就像盧拉那樣，那麼家屬應該尊重病人的決定。然而，喬伊斯和湯姆並不覺得安心。他們仍然難以平靜，希望堅持母親以往的願望。喬伊斯不斷地說：「她斷不想依賴呼吸器。她已經說過好幾次。我不想她生我的氣。」盧拉在急症室被插上膠氣管，然後轉送到深切治療部。在這個階段，沒人能保證她會存活。

不幸的是，盧拉最終離世。她在深切治療部住了一週，後來可以撤走呼吸器，轉送到普通病房。不過，她需要依賴藥物，並且非常虛弱，所以不能回家。她在我們設備齊全的護理中心虛耗了兩週，才撒手人寰。我在盧拉死後數天，致電問候喬伊斯，她說：「我覺得好像使母親承受了一個月她本來不應該承受的折磨。」事實上，盧拉在晚年有幾次曾被接駁上呼吸器，因為她的肺病日漸惡化。她曾經不時對家人說，不想再與呼吸器為伍了。喬伊斯回想盧拉當天對於急症室醫生的反應，醫生的問題是：「我們需要為你接駁呼吸器，如果你沒有呼吸器，就會死。你希望我做甚麼？」她輕聲說「好」，並且點頭，可能意思是：「我知道，我已經準備好回天家了。」喬伊斯說，母親是虔誠的基督徒，勇敢而堅強，不怕死亡，並嚮往在主懷裏安息。喬伊斯仍然覺得，醫生作的決定是錯的。在電話裏的交談中，喬伊斯流露出很多的憤怒，極不滿當中的處理手法。無奈的是，決定還是要作出，並且要在極短的時間內作出。

其實，為約翰醫生說一句公道話，急症室醫生的工作是搶救生命，並且搶救了不少生命。他們的工作充滿了危機和當機立斷的介入治療。在大部分情況下，病人及家屬都很感激他們。不過，在特殊的情況下，類似盧拉這樣的事件也時有發生。在危機最大的時候，約翰醫生的決定很明確，那就是，寧願為了救活生命而作錯決定。在法律上，大多數的人會選擇那種決定。不過，那天所作出的決定不能算是好的、對的或者是值得尊重的決定。事實上，盧拉的心願不被重視，使家屬們因而不能釋懷。如果當時盧拉有一位倡導者的話，情況是否會不一樣？如果有一個情緒比喬伊斯或湯姆更穩定的人在場，維護並堅持盧拉的願望的話，也許她會更有尊嚴地離世。

倡導者的重要性

我在接觸這些個案的過程中，經歷了醫院內的不協調，也看見了機構裏缺乏人性的一面。我遇見過病人家屬充滿困惑，但似乎找不到清晰的答案。我在很多不同種類的危機中關顧了病人及家屬，心裏產生了一種熱忱，就是使基督徒領袖更深地了解現代醫療中心裏的狀況。本書旨在幫助牧者、基督徒輔導員及其他的教會領袖在醫院裏及病榻旁進行關顧牧養。倫理難題每天都在醫療中心裏產生，新的醫學倫理規範很快成為作決定時所要考慮的一部分。然而，很多基督徒領袖都沒有接觸過醫學倫理這一課題和相關的術語。對於平信徒來說，倫理這一課題聽起來很複雜、為知識分子精英專用。但是，真理終歸是真理。我堅信，基督徒領袖及其他受訓的教牧人員需要具備有關的知識，從而了解病人及家屬普遍面對的各種倫理難題，在這方面有所裝備。對很多人來說，這個領域存在著很多未知數，仍有待更多的探索。

我也深信，醫療護理人員在困難的處境之中，需要屬靈領袖作為嚮導，在最終價值方面作出提醒。在我的經驗中，很多醫生都歡迎屬靈領袖回應家屬，提供輔導和意見。一些醫生跟我說，如果有人能幫忙向家屬作出解釋，讓他們明瞭一些複雜的治療方法，會使醫療過程更加暢順。家屬如果有了心靈上的支持，將對醫護人員持更開明的態度，減少對他們的懷疑。

最後，被迫面對倫理困境而作出決定的人一般都需要協助和輔導。他們「如同羊沒有牧人一般」（可六34）。我深信，提供健康關顧的院牧雖然在危機中擔任著支持家屬的重要角色，但在倡導病人和支持家屬方面卻未能提供足夠的幫助。我往往要倚賴牧者或長老來向忐忑不安的家屬作出溝通和解釋。事實上，**我們**作為屬靈領袖，每一個人都有責任教導和牧養我們的羊羣——那些**我們**所了解並了解**我們**的羊羣，用神的安慰和智慧來支持和輔導他們。

本書接下來的章節將描述現代醫療事工的情況，提供一些實用資料。你將初步認識醫學倫理這一門學科的發展，以及幾個重要的倫理規範，知道它們怎樣引領有關人士在醫療情況中面對倫理困境時作出決定。你在探索自己的引導性價值系統（operational value system），並且明白到過往的個人經歷如何影響著你作決定時所用的取向，繼而如何影響你輔導別人的時候，你的自我意識將受到挑戰。透過一位資深醫院心靈關顧者的眼睛，你將會看見各種普遍存在的倫理難題，並經歷如何協調有關各方妥善溝通，達成可行的方案的過程。書中將論及醫學界如何看靈性，讓讀者知道醫生及護理人員怎樣看待靈性及全人健康。最後，本書將建議一些在作決定時基督徒的獨特觀點，並討論基督徒倡導者的介入方法。我熱切希望讀者可以藉本書在有關倫理倡導的新事工上有所裝備，使神的國民從中獲益。

在現代醫療中心中，生命每天都被放在天平上衡量。現實中，人需要作出決定，而決定的結果將深深地影響他們及其所愛的人。病人家屬被迫要面對生命的未知而作出令人害怕的決定，而面對生命可能突然被創傷或重病威脅的摯愛，他們的真愛有時給決策過程罩上陰影。在混亂的現實中，帶著神聖召命的熱誠、樂於助人的基督徒能夠給他們帶來安慰和真正的支持，而這事工正是我們這個瞬息萬變的社會所需要的。

2

醫學倫理概覽

我們在開始於醫院事工和病人倡導的事工方面作出裝備的時候，首先需要回顧一下醫學倫理的歷史，掌握一些基本的術語。我們很多基督教的屬靈領袖可能不太熟悉醫生及有關的專業人員對於倫理的看法和了解。如果你的經歷跟我類似，就已經在學校、神學院或其他培訓機構學過一些關於倫理的知識。這些課程一般側重於古典倫理或哲學倫理，但不論及怎樣在醫院或醫療機構中產生的倫理困境中應用這些倫理的原則。令我驚訝的是，很多醫學院只是在最近幾年才開始向醫學生提供有關醫學倫理的課程。在此之前，很多醫學院畢業生在畢業之前都沒有充足的準備應付病人和家屬所面對的價值觀上的各種的衝突。因此，我們這些屬靈領袖在這個新學習領域中並不孤單。不過，我們的確需要學習和初步認識醫學界最前線的倫理討論課題。讓我們現在就開始吧。

我們首先要知道的醫學倫理知識就是：任何人都

可以了解倫理，並且每個人都面對它。它與我們的生活息息相關，而不是局限在課堂、醫學界或者學者精英的範圍內。我們每個人都會在生命中的某一時刻聽過或看過一些讓我們思考倫理的東西。我們有時候會在工作間或者在志願機構遇到這個題目。這些地方都有「執行守則」或者機構道德操守指引規定董事會成員或僱員在人際交往、人際關係或工作表現當中規範自己。我們往往感到道德涉及到人的**品格**或**正直的品行**。事實上，這的確是倫理的核心所在。

倫理一詞基本上就是指道德。事實上，**bioethics**一詞經常與醫學倫理一詞併用，它是希臘文 *bios*（意指「生命」）與 *ethica*（意指「與品格有關」，衍生自名詞 *etheos* ）結合的詞組。[1]因此，*bioethics*（生命倫理或醫學倫理〔medical ethics〕）在定義上是指對於「生命品格」的研究。因此，倫理被視為是「道德哲學」的學科就不是出奇的事了。基督徒一直都喜歡探討與生活方式及個人選擇有關的道德課題。我們在研讀聖經的時候，是在探索人的生活行為中何者為對、何者為錯。我們想知道自己的生命如何與神的旨意、宇宙萬物及人類達成和諧。我們關注何為正直、何為公義，並遵行上帝的道德律例。也就是說，我們關注**倫理**，關注如何在神的國度裏、在神的子民中活出具有道德品格的生命。因此，倫理跟我們的生命密切相連，是基督徒的個人哲學中的一部分。

一些倫理學派把倫理及道德區分開來。這類學派的人認為，倫理可以看作是更理論化的，即是有關何為正確及何為有益的**研究**，而道德則可以看作是因人而異、具實踐性的，即是**活出**所認為正確及有益的觀念。[2]雖然這種區分在某些情況下可能對人有所幫助，但清晰地把兩者區分開來明顯是不可能的。倫理涉及生命中需要作出的選擇，所以既是概念也是行動，而每一個選擇都是道德上的選擇。

歷史溯源

人類最早的文字記載已經包含了分辨對錯的元素。最早的猶太教－基督教的文獻有很多關於律法及倫理生活的記載，其中十誡尤其重要。有人可能認為，希伯來聖經或許是現代醫學倫理觀發展的源頭。如今，聖經的倫理仍廣為人們研究，研究持續增加。然而，在現代醫學倫理領域中，有一道鴻溝把權威的基督教教導跟有關醫學倫理的學說分隔開來。醫學倫理的發展跟基督教倫理成為不同的分支，而其主幹則紮根於希臘的哲學思想。

一些早期的希臘哲學家，包括米利都的泰勒斯（Thales of Miletus，公元前640～546年）、蘇格拉底（Socrates）及柏拉圖（Plato）（均於公元前五世紀生歿）等，為倫理思想奠定了重要的基礎學說。不過，其中對現代醫學倫理最具影響力的希臘哲學家則首推科斯的希波克拉底（Hippocrates of Cos，約公元前460～377年）。希波克拉底不但在建立最早的西方醫學倫理**規範**上扮演了舉足輕重的角色，而且在現今的醫學倫理討論及辯論中仍極具影響力。〈希波克拉底誓言〉（Hippocratic Oath）是一篇幾世紀以來都沿用著的短文，鼓舞了無數的醫生提供無私的服務並嚴守崇高的道德標準。〈希波克拉底誓言〉（全文見本書附錄）其中一句寫道：「我將按自己的能力及判斷力醫治病人，絕無傷害或不當之意圖」。[3]這句誓言成為醫學倫理規範中**利益行善**（行善的職責）及**不傷害**（不傷害的職責）兩大原則的基石。從希波克拉底的時代一直到今天，這兩大原則都是醫生和醫護人員的指路明燈。在這些原則的激勵下，醫生努力成為使自己超越個人利益或政治手段之上的典範，而其中超卓之士最能夠把希波克拉底傳揚的原則彰顯出來。人們依賴並信任醫生真心地為他們謀求福祉，並且在尋求促進全人健康的路上使用正確的手段。

千百年以來，由於本性使然，人無疑缺少了這種理想的態度，一些醫生違背了〈希波克拉底誓言〉的原則，結果禍及無辜。在近代的第二次世界大戰期間，德國一些醫生的專業失德行為首次大肆扭曲醫學界，震撼了二十世紀的醫療護理文化，為世人響起了警號，令人關注到無辜之人的福祉。對現代醫學倫理的關注由此產生。

這是歷史上首次有人在漠視病人保障的情況下進行醫學實驗，嚴重地違反了醫生「利益行善」的責職。事實上，這些醫生的行為給人類帶來極大的災難。一位歷史分析家指出了這件事的嚴重性，寫道：「很多歷史學家認為醫學倫理起源於一九六〇年代的一系列事件。但是，我認為，醫學倫理最早在一九四〇年代的事件的陰影之下，已經引起關注，尤其在紐倫堡（Nuremberg）醫學審訊中……這些審訊奠定了一種基礎，納入了有關醫學倫理秩序的更廣泛的討論，是建立醫學倫理不可分割的條件。」[4]

在第二次世界大戰的醜聞曝光之後，很多人開始進行心靈探索。人們開始注意並記錄那些涉及質疑專業醫護人員的行為事件。除了第二次世界大戰中專業失德的醫生敲響警鐘之外，又有三宗引起廣泛報導的不人道的醫學研究項目點燃了人們對醫學倫理的熾烈爭論。

第一個項目在一九六三年曝光，地點是紐約（New York）布魯克林（Brooklyn）的猶太慢性病醫院（Jewish Chronic Disease Hospital）。患慢性病的老人被故意注射了活的癌細胞，目的是找出這些細胞會否分裂。後來公眾關注到，在這些實驗性的注射行動中，有關人員並沒有徵求病人或家屬的同意。這些病人並不知道他們被注射了活的癌細胞，並且這種注射屬於實驗性質。[5]

第二個項目在一九六五年發現，是由美國公共衛生服務部（U.S. Public Health Service）進行的梅毒研究，對像是住在亞拉巴馬州（Alabama）塔斯卡基區（Tuskegee）的貧窮而缺乏教育的黑人男人。當時已經有盤尼西林可以治療梅毒，但是研究人員並沒有告訴研究對像。因此，病人的人權再次遭到侵犯，他們因研究人員要得到預期的將來研究利益而承受了痛苦。一九七二年，衞生教育福利部（Department of Health, Education, and Welfare）正式宣佈該項目在「倫理上不合理」。[6]

第三個備受批評的項目於一九六七年發生，涉及紐約威路布魯克州立學校（Willowbrook State School）。研究人員為智障學童注射肝炎病毒，希望找出減輕肝炎的破壞的方法。家長雖然知道該項研究的內容，但實際上是在被迫的情況下簽署了同意書，「因為得到學位非常困難，如果父母同意參加研究，子女便可以在參加的同時獲得學位。」[7]因此，父母為子女報名參加了項目，以為學校重視學童的健康和福祉。然而，事實並非如此。

以上這些在一九六〇年代進行的研究項目都損害了病人的尊嚴，引起了公眾的關注，使專業醫護人員開始注意醫學倫理的問題，而且不幸地，醫學倫理同時也進一步減低了公眾對醫學界的信任。在規模較大的醫院中，道德委員會開始成立，而在專業的醫學刊物中，開始有更多的篇幅著墨於與倫理相關的課題上。

另一件促進現代醫學倫理發展的事件，是一九七七年《生命醫學倫理原則》（*Principles of Biomedical Ethics*）一書的出版，作者為彼徹姆（Tom Beauchamp）及奇爾德雷斯（James Childress）。這本書是第一本在新的醫學倫理領域中聲明設立通用紀律標準的書籍。[8]他們著書的原動力來自醫學界本身，因為新科技及新的生命維持措施產生了道德倫理的重要性的問題。其中一個新科技的例子是血液透析機（譯按：俗稱「洗腎機」）的引進。透析機可以令失去腎臟功能的病人維持生命，但是在引進初期，這種機器供不應求。因此，隨之產生的問題是：「哪些病人應該使用新的洗腎機進行新的治療？」、「哪些病人將不能使用，只能坐以待斃？」

另一項醫學發展是生命維持措施中呼吸器的引進。那時，呼吸器的使用愈來愈普及，甚至腦死亡的人也可以靠它維生。它把氧氣注進肺部，維持身體各器官繼續運作。隨之而來的問題是：「應該把病人的生命維持多久？」、「應該達到哪些條件才能正式宣佈死亡？」

此外，器官捐贈成了維持生命的新的可能方法。既然可以用呼吸器維持器官運作，為甚麼不能把器官移植到另一個人的身體裏搶救生命？此外，應該用哪些條件來甄選病人？在一些人可能獲救的同時，而另一些人無可避免地死去。這些問題引起了公眾的關注，使我們意識到，有需要討論關於醫療護理的決定、聯邦立法的需要，以及作出決定的權力所在。

彼徹姆及奇爾德雷斯在著作中提出四項運作原則，用作「在倫理上的兩難困境中因應個別情況作出評估及決定」。[9]他們提出的四項原則是：利益行善、不傷害（兩者均源自〈希波克拉底誓言〉）、自主權及公平正義。這些原則都廣為所有醫生所知，並且成為思考及應付倫理困境的不成文準則。在展開我們的醫學倫理之旅之前，我們需要明白一些基本的術語。我們將先描述這四項原則，再簡述如何在作出倫理決策時運用它們。

四項通用的醫學倫理原則

1. 利益行善：「行善」的職責

這一術語涵蓋了大部分醫生行醫的基本原則和推動因素，所著重的是接受幫助之人的利益。利益行善的核心包括醫護人員維護生命、減輕痛苦及積極幫助病人的最崇高願望。這項原則常用**惻隱之心**來表達。許多醫生在行醫時忘我地為病人謀取利益，使病人把他們視為家人。真愛及信任在長年累月的互動和關懷中建立起來，形成了病人與醫生之間密切的關係和情感依附。醫生願意向病人施予幫助和「行善」是優質醫療的要素。

2. 不傷害：「不加傷害」的職責

希波克拉底寫道：「我將按自己的能力及判斷力

醫治病人，絕無傷害或不當之意圖。我絕不會應要求向任何人施用致命藥物……我無論進入誰家，都以幫助病人為本，絕無不當及傷害之意圖。」[10]最終，每名醫生及醫護人員都必須正視治療將如何影響病人及家屬的問題，以及某個特有治療的風險及造成的負擔是否超越它所帶來的利益。很多治療方法從長遠來看可以造成傷害。在任何情況下，「不傷害」的原則可以導致不同種類的決定。

例如，在米爾德里德的個案中，需要作出決定的急症室醫生和邦尼都必須評估讓米爾德里德的生命維持儀器繼續運作，以及使她承受額外痛苦所帶來的負擔，而她始終難免一死。另外，他們都必須估量將她轉送到另一間醫院的益處，而她在那裏將遠離親友。在兩種可選用的方法之中，試圖不加傷害的原則都是作決定過程中的考慮因素。

3. 自主權：個人的自由及責任

自主權，或稱獨立選擇的自由，是專注促進個人為自己的生命及行為負責任的一項原則。它是美國醫學倫理領域中最有影響力的原則，是大多數規範的基石，也是醫學倫理理論的重心，並成為「最終原則」——當其他原則互相衝突時所最終訴諸的原則。它在作出醫學決定時的地位可從以下的描述中看出來：

> 自主權是指個人的選擇、個人的控制及自我界定。自主權的假設是：每個人都有自己的價值觀，無需為得到尊重而與別人妥協。在醫療護理的範疇裏，病人的自主權被視為是病人的權

> 力，以獲取有關其健康狀況及醫療方法的準確資料；充分掌握醫生的建議及其他可行的治療方法（如果它們能維持生命、防止疾病及減輕痛苦的話）；選擇或拒絕某些治療方法。此外，必須允許病人選擇其他人士（無論是醫生、家人，或持久醫護授權書下的受權人）為其保有及接收資料並作出決定，才能確保病人的自主權。[11]

在美國的法律及聯邦法例中，自主權被提升到相當重要的地位，以至引起了一些人士莫大的關注，他們認為對利益行善原則及公平正義原則所代表的**共同利益**的責任可能被過於標榜的個人自主權所妨害。皮勒格林諾（Edmund Pelegrino）把這種將自主權的地位放在利益行善原則之上的取向視為「悠久的希波克拉底醫學傳統中最激進的轉變」。[12]福克斯（Renée Fox）及斯威齊（Judith Swazey）把這種自主權高漲，對於個人權力及宗教信仰的最終影響總結如下：

> 在醫學倫理的主導原則中，個人主義的價值觀在這樣的界定和這個程度的重視下，使其從一些社會及宗教的價值觀中割裂出來，而這些社會及宗教的價值觀涉及了人與人之間的關係、彼此之間的責任、承擔及情感關係、人們所屬羣體及社羣的重要性，以及這些種種因素對於個人及其道德觀的內在及外在的影響。[13]

尊重自主權的原則存在著許多不足之處，使我們意識到，其他重要的原則可能因它而受到忽略。

4. 公平正義：公平及平等

在醫學的決定中，公平正義涉及了人與人之間的公平及平等，包括有限資源的分配。**分配的正義**或**相匹的正義**的原則所注重的是，全社會各成員所分享的利益及負擔的責任應與其他社會成員相匹。例如，在貴重的血液產品短缺而生命危在旦夕的情況下，可以甄選接受手術的人士，使用該等產品嗎？血液是有限的資源，但可以帶來莫大的益處。在資源有限的情況下，如果不是選擇性地施予手術，將帶來沉重的費用負擔。這是資源有限造成的負擔之一。

醫學倫理上的公平正義原則涉及了很多的問題。如果平均每人分得的資源不足以維持生命，仍應嚴格遵守資源均分的原則嗎？是否應該讓有貢獻的社會成員或者那些根據統計最有機會康復的人得到他們所需要的全部資源，但同時卻讓康復機會較小的人只得到一點兒資源，甚至一點兒也得不到？如果有人「付得起錢」，他們應該優先獲分配有限資源嗎？還是讓每一個人都得到完整的治療，尤其是貧窮弱勢的人？公義原則及這類問題在每間醫院裏都遇上獨特的處理方法。把重點放在哪裏關係到倫理的討論。其他與公義原則有關的倫理原則包括講述真相的職責（誠實）、保護私隱的職責（保密）及遵守諾言的職責（忠誠），這些原則常納入機構重要的道德操守指引中。

我們已經略述了四項通用（並具影響力）的醫學倫理原則，接下來可以論述在處理原則與人情之間的兩難困境時尤其重要的觀念，這就是我們自己的引導性價值系統了。

探索我們自己的引導性價值系統

除了上文所述的四項原則之外，還有無數所謂的「倫理原則」，或「價值觀」，在生命中引導著我們。我們每個人的價值觀都不同。這些價值觀可以看成是引導或者驅使我們在生命中作出決定的核心信念或自我人生觀。它們界定了我們最珍視哪些事物，因而在我們的內在世界裏建立了一個基礎，讓我們隱約地把深深渴望或渴求的事物排列起來，使一些價值優先於另一些價值。我們的價值觀決定了我們在一些情境中的行為反應，也直接關係到我們辨別何為正確、何為恰當、何為良好的信念。對於基督徒來說，一些價值觀可能根植於聖經。此外，一些價值觀也源自我們個人經歷或家族傳統中獨有的生活經驗。一些價值觀在我們的思想裏早已根深柢固，難以名狀，是**直覺上覺得的**，而非**思考得來**的。我們每個人都有獨特的「引導性價值系統」，由不同的價值觀組合而成。我們自己個人成長的一個重要部分，就是能夠明確地表達出我們認為哪些價值觀或原則是重要的。

在自我探索的過程中，我們可以自問一些問題，包括：哪些事物為生命賦予價值？生命的意義是甚麼？為甚麼疾病能影響我？後世的生命對我來說重要嗎？我個人的品格操守由哪些因素構成？我怎樣保持自己身體健康？神愛我、關心我的生命嗎？是神醫治我，還是我的身體自己康復的呢？這個世界有罪惡嗎？一些信心操練對我重要嗎？我們對這類問題的回答能充分體現出我們的最終價值觀，而這些價值觀影響了我們的決定及生命的選擇。

有時候，當醫生給予我們幾種治療的選擇時，我們的價值觀就顯露了出來。例如，一位病人被問及立生前遺囑一事時說：「我絕不想依賴生命維持儀器生存」。如果再追問「為甚麼」的話，這句話背後的隱藏的價值觀就更明顯了。病人可能回答：「我不想變成家人的累贅。」這句話可能說明了病人看重個人的獨立，或者家庭經濟的保障，或者他所認為家屬有的時間負擔。連續的探索能使對方表達出一些重要的價值觀，讓我們看見對方作出醫療決定時的背景，以及深入認識他們的引導性價值系統。

如果我們所處的困境涉及兒童，我們的價值觀通常就更加顯而易見了。例如，我有一次在醫院裏值班的時候，看見一名在交通意外中受傷的十歲男童。在數小時的不安等候及診斷檢查後，神經科醫生說，該名男童的頭部受了致命傷害，形成腦水腫（或稱腦疝脱）。當腦神經在頭顱內腫脹，壓迫脊柱頂端時，所有肌肉及基本的身體機能（包括呼吸）都受到損害。在這種情況下，沒有生存機會。男童被送往深切治療室，依賴生命維持儀器存活。由於他身體其他的器官仍屬正常，醫生希望他能成為器官損贈者。病童家屬很震驚，向我徵求意見。

如果你在這件事發生的時候正在醫院當值，需要支持病人家屬，而他們又是你相識已久的基督徒朋友，你會思考哪些問題？你會提供哪些建議？他們身為父母，一定會首先想到的其中一個想法：「我們想保護子女免受傷害。」這是隱藏在我們所有思想基礎中最原始的親情功能及角色，是引導父母作出決定的一項「原則」。這種責任感引發的結果可能是不讓子女接受捐贈手術，因為器官捐贈手術必會涉及對子女身體的傷害。父母時常基於這種原因而拒絕讓子女捐贈器官。只要腦海裏浮現子女的身體要蒙受痛苦的畫面，父母都難以忍受，尤其是在他們意識到子女可能死亡，因此面對可怕的壓力時刻。他們甚至可能知道器官捐贈的重要性，並且願意在自己死後成為器官捐贈者，但卻難以想像讓自己的子女經歷這種痛苦。他們需要得到保證，就是兒子真的已在腦死亡中失去知覺，無法感受到痛楚。

父母在此境況中另一個可能的反應是不相信子女真的死了。腦死亡是很難理解的概念，因為這個你所愛、所養育的十歲兒子的身體仍在呼吸，膚色仍然紅潤。雖然接受身體將不能存活這一事實需要更多的知識或時間（換句話說，就是面對現實，不再否認事實），但是，身體在心臟仍然跳動的情況下已經死亡這一概念仍然是難以置信的。我認為要說服自己：創傷造成的後果是傷者的身體無法存活，他受到如此嚴重的創傷之後，絕無可能進行腦部移植，也沒有技術可以搶救他的大腦。只有這樣，我才能接受我所認識的這個人已經離世。然而，一些人的價值觀中無法容納這種情況。他們只會在病人停止心跳後才會接受病人已死。人的性命是神聖的，所連帶的價值觀也是牢固的，任何在**心臟**死亡之前取走器官或奪去生命的決定，都是難以容忍。如果父母的信念正是這樣，那麼在這種情況下，捐贈器官是絕無可能的。**你**作為意見提供者、家屬的支持者，需要扮演的角色將是**聆聽**他們的關注，**講解**有關腦死亡的各種知識，並**允許**他們自己作出決定。如果直接反對他們的立場，將對他們幫助不大，也是不正確的。他們正在為兒子的猝死而哀傷，因此你需要把重點放在這方面。

以上這種事件使我們思索自己怎樣在生命中作出決定。我跟一位牧師朋友談起這件事時，問他如果設身處地，會否作出為兒子捐贈器官的決定，他回答說：「我不能為他作出決定。我如果不知道他的感覺是怎樣的話，可能不會捐贈他的器官。」這位牧師有兩名非常疼愛的兒子，而引導他作出這種回答的原則是，**自行決定**的權利是極重要的，以至於即使兒子年輕，仍讓他們自行作出有關器官捐贈的決定。在我們的討論之後，他回家問兒子是否願意捐贈器官，他們分別在三年級及六年級時已經聽過老師講解捐贈器官所帶來的益處，所以會願意捐贈器官，這使父親很欣慰。在接下來的家庭討論中，他們表示，這種決定是由基督教的價值觀所驅使，他們甚至願意犧牲自己的性命來**拯救生命**。他們雖然年輕，但在這個問題上展示出成熟的基督教觀念。在這位牧者的家中，他們都建立了一套自己的引導性價值系統。

其他價值觀及道德原則

如我以上所述，很多的道德原則是因人而異的。我們可以自信地說，在建議的**那些**基要指導原則（例如利益行善、不傷害、自主權及公平正義）之外，**個人的**道德原則在任何作出決定的處境中有同等的重要地位。我在一個地方社區裏向五十五位宗教領袖進行了一項調查，想研究一下宗教領袖的價值觀。在調查中，他們被要求列出在他們的信念中四項重要的道德原則，以及他們的信仰團體成員所共有的其他倫理或道德價值觀。總體而言，我收集了共四百項價值觀及原則，[14]以下是其中一些例子，讓我們一窺這些能夠影響我們決定的原則的範圍之廣及種類之多。

由於涉及的範疇是醫學倫理，並且五十五位牧者的角色是支持家屬及進行心靈倡導，它們大部分可以被歸類為**關係**類（一百三十三項回應）。他們列出的價值觀包括：講述真相、誠實、公平、公義、尊重、接納、信任、正直、負責任、保密、忠誠、社羣價值、團結、寬恕等等。值得留意的是，在這類回應中，上述價值觀被提及的次數比次一類裏面所提及的次數多了一倍。在這些牧者的心目中，這些價值觀比特有的神學價值觀更重要。

在這項調查中，圍繞著「生命的神聖性」這一主題的價值觀尤其突出 （共五十八項回應）。牧者列出的一些個人價值觀包括：生命的神聖性、利益行善、墮胎等同殺人、生命，以及「盡量避免殺人」。這項結果清楚顯示出，地方的牧者都重視生命的價值。此外，他們列出的其他神學價值觀（四十七項回應）包括：絕對真理的真實性、祈禱及聽從上帝、上帝的主權、永生的信念、救贖的價值、上帝的恩慈、上帝的審判、人是按照神的形象創造出來的、盼望、信心、上帝的醫治。牧者在需要作出決定的關鍵時刻都會深思這些價值觀，在它們的影響下作出決定。

「選擇的自由」也是這些牧者普遍重視的（四十二項回應）。他們對此價值觀的其他表達方式包括：自主權、遵從病人及家屬的意願、個人主義、忍耐、私隱，以及個人的尊嚴。此外，「愛」的價值觀也有數目相若的回應（四十項回應）。有智慧的牧者往往很快意識到，他們的羊羣具有不同的理解力和感受。「選擇的自由」加上「愛」的價值觀令牧者能夠按照病人及家屬個別的需要和意願隨意提供支援。此外，當他們試圖陪伴家屬度過悲傷及病患的困難時刻的時候，也講說「神的話語」作為幫助。

由此可見，在作出醫學決定時，我們裏面的引導性價值系統有許多不同的個人價值觀及原則在影響著我們。除了四項普遍的倫理原則（利益行善、不傷害、尊重自主權及公平正義）之外，還有許多因人而異的價值觀及原則，例如：講述真相（誠實）、忠誠（忠實）、尊重人、生命的神聖性等等，都同時產生了影響力。我們也知道，在作出決定的過程中，過去的經歷或家族傳統中所內含的隱約價值觀也是不容忽視的因素。

總括而言，在繼續閱讀以下章節的關於倫理困境的討論之前，我們需要重申一下上述倫理原則中一些非常重要的方面。首先，我們需要留意，一個人的**引導性價值系統**比直接遵行聖經的價值觀更加複雜。我們希望，基督徒有聖經為本的世界觀作為決策的基礎。不過，正如以上例子所示，就算是虔誠的基督徒也對於作醫學倫理的決定採取了不同的看法。最重要的是，每個人都能夠明白並表達他們何以持守那些價值觀。我們的引導性價值系統不但根源於聖經的原則，也根源於獨特的生活經驗、個人的經歷及家族傳統。當我們與別人交談，了解對方的價值系統時，需要帶著謙卑受教的靈，以確保大家能夠真誠坦白地談論這些非常個人的價值觀。我們在向一些需要我們支持及倡護的人承擔屬靈領袖的責任時，需要能夠在對方作決定時，聆聽哪些事情對於**他們**來説最重要。

此外，我們作為在現代醫療中心裏面對生命的虔誠的基督徒，並且彷彿進入有時候具有敵意的區域的時候，需要意識到，**我們**本身的倫理及個人價值觀／原則跟利益行善、尊重自主權、公平正義及不傷害等四項原則同樣重要。雖然這「四項主要原則」影響著醫學倫理上的反思，並且在醫療護理的倫理的發展中扮演了角色，在**我們在**身為基督徒倡導者所介入的任何倫理衝突中，仍應把病人及家屬的倫理價值觀及原則放在首位。醫生及其他醫護人員都須遵守病人權益條例，在維護他們的價值觀和傳統觀念的基礎上提供護理及治療。如果病人或家屬可以向醫護提供者清楚地表達及傳達這些價值觀，醫療決策的過程就可以更加暢順。

為了更深入地了解我們的引導性價值系統或其運作過程，以及更清楚我們作為倡導者的角色，我們在以下的章節中將探討一些創傷的經歷，看看我們個人經歷中的這些關鍵性事件如何影響我們對新的危機狀況所作出的反應，以及對於前來求助的家屬的回應。

註釋：

1. Stanley J. Grenz, *The Moral Quest* (Downers Grove, IL: InterVarsity Press, 1997), 23.
2. William S. Sahakian, *Systems of Ethics and Value Theory* (New York: Philosophical Library, 1963), 2～3.

3. "Hippocratic Oath" in *New Dictionary of Christian Ethics & Pastoral Theology*, ed. David John Atkinson, David Field, Arthur F. Holmes, Oliver O'Donovan (Leicester, UK: Universities and Colleges Christian Fellowship, 1995), 442.
4. Patricia Flynn, "The Disciplinary Emergence of Bioethics and Bioethics Committees: Moral Ordering and Its Legitimation," *Sociological Focus* 24, no. 2 (1991): 147～148.
5. Judith R. Wilson, *Handbook for Hospital Ethics Committees* (Chicago: American Hospital Association, 1986), 3.
6. Wilson, *Handbook for Hospital Ethics Committees*, 3.
7. Wilson, *Handbook for Hospital Ethics Committees*, 3.
8. 這本醫學倫理經典仍廣為閱讀，並在教育界廣泛使用。參看 Tom L. Beauchamp and James F. Childress, *Principles of Biomedical Ethics*, 5th ed. (New York: Oxford University Press, 2001)。
9. Paul R. Wolpe, "The Triumph of Autonomy in American Bioethics; A Sociological View," in *Bioethics and Society*, edited by Raymond DeVries and Janardan Subedi (Upper Saddle River, NJ: Prentice-Hall, 1998), 41.
10. Jones, *Hippocrates*, 299 ～ 301.
11. Wilson, *Handbook for Hospital Ethics Committees*, 14.
12. Edmund D. Pelegrino, "The Relationship of Autonomy and Integrity in Medical Ethics," *Bulletin of PAHO* 24 (1990): 361.
13. Renée C. Fox and Judith P. Swazey, "Medical Morality Is Not Bioethics: Medical Ethics in China and the United States," *Perspectives in Biology and Medicine* 35 (1984): 358.
14. Kenneth P. Mottram, "Equipping Religious Leaders in Medical Ethics and Decision-Making Advocacy" (D. Min. diss., Golden Gate Baptist Theological Seminary, 2003), 99～104.

3

倡導、創傷與自我意識

好鄰舍是那些在你舉目無親時可以信靠的人，我就常常試圖成為這樣的好鄰舍。我一直願意與鄰居交往，以至能夠在他們離家遠行時幫他們澆澆花或者收一下郵件。有時候，能夠在別人有需要時在旁陪伴是很重要的，我的鄰居瓊妮（Joni）患急病的事件就是一個例子。

一天晚上，一對年輕夫婦肖恩（Sean）及凱瑟琳（Kathryn）叩門，他們知道我是院牧。他們說擔心瓊妮出了事。他們一直都跟單身獨居的瓊妮保持聯絡，當天晚上，他們致電給她的時候，她說不出完整的句子。他們開始擔心，直接去她家敲門，但她彷彿表達不清楚，開不了門。她是一位有成就的專業人士，此刻的行為很反常。他們試了幾分鐘，她仍然沒有反應，於是他們來找我問意見，因為不知道應否報警或召救護車來幫助她。經過數分鐘的考慮，我們一致決定採取行動，寧願冒著犯錯的風險，也要安全為上。我們報了警，幾分鐘以後，閃著燈的警車到達，停泊在居所外。警察發現瓊妮倒臥在地上，不能動彈，幾乎失去了知覺，看來她是昏厥了過去。她由救護車送進醫院，我們三個人則開車到達急症室。凱瑟琳有瓊妮母親的電話號碼，瓊妮母親住在幾百英里以外，凱瑟琳在醫院外用手提電話告訴她所發生的事情。我和肖恩在急症室裏等待，直到瓊妮住進醫院。原來，瓊妮有輕微新陳代謝上的失衡，引致這次意外。她第二天就出了院，對我們這些朋友的幫忙表示感激。不過，在這件事情當中，引起我注意的反而是凱瑟琳，再次令我思考一些涉及醫院病人倡導的問題。

當瓊妮在急症室接受診斷時，凱瑟琳經常在醫院大樓的**外面**流連。我後來決定問她，她馬上回答說：「我就是不能在醫院裏逗留得太久，因為覺得很不舒服。自從母親去世以後，我就是這個樣子。」她母親在四、五年前因癌症去世。我知道，她母親的離世對於他們夫婦來說是個沉重的打擊。他們經常向我提起親眼看著她健康走向下坡，直到後來病逝的感受。即使到了現在，他們看電影的時候，如果有描述人或動物死去的場面，他們也覺得很難面對。在瓊妮發生意外的幾天後，我問凱瑟琳當晚的感覺，她說，一去醫院就覺得渾身難受。她的胃部收縮，頭也疼起來，然後就想嘔吐。她覺得去醫院探訪的場合裏有壓力，血壓和脈搏跳動速度都一起上升。特別的是，這種經驗**並不**局限在凱瑟琳或一小撮因喪母而悲痛的女兒身上。事實上這比我們想像中更普遍。很多人持續受過往的創傷經驗所影響。在凱瑟琳的情況中，創傷經驗及其造成的病癥在她走進醫院的時候便觸發了出來。

我在院牧的工作中，見過各色各樣的人在醫院裏的不同反應。我去醫院或護理院探訪院友的時候，總是覺得輕鬆「自在」，即使在早期的牧養工作中也是如此，所以我以為每個人都跟我一樣。後來，我發現甚至一些教會領袖也**積極地避免**去醫院探訪病人，即使強迫自己去了，也是全程坐立不安。這令我很驚奇！事實上，牧者也是人，有各種的個人經歷影響著他們，並且將繼續影響他們的性格發展和行為反應。牧者或其他倡導者在生命中的一些經歷，例如所愛之人在醫院急症室去世，或患癌的母親在腫瘤科離世，或者其他令人哀傷的喪親，不但在人的生命中留下難以磨滅的傷痕，並且將繼續在他們以後每次進入醫院時閃現在腦海中，使人他們不快，或者令他們出現其他身體癥狀。這種創傷經歷帶來的後遺症是不應低估的。

倫度（Theresa A. Rando）在創傷後壓力反應與喪親之痛之間的關係這個研究領域中頗具聲望。她在著作中論述了人在經歷創傷事件後所面對的精神上、情緒上、心靈上及身體上的影響。[1]受了這些影響的人在走進醫院的時候，可能未必意識到這些難受的感覺源自何處，以致影響他們在醫院探訪中失去平衡，錯失了探訪的意義。要成為有效的倡導者，就必須透過自我教育和提高自我意識這些有效的方法來克服這種障礙。因此，我們必須了解創傷的種種以及創傷後壓力帶來的影響，認清一些可能蒙蔽**我們**的盲點，以便在決策的處境中扮演所追求倡導者的角色。

創傷及其影響

雷德蒙德（Lula M. Redmond）是首位哀傷治療

師表示喪親能導致創傷後壓力症（posttaumatic stress disorder, PTSD）。[2]事實上，喪失生命中重要的人物可能是一個人在人生中所經歷的最悲痛的事情。根據美國精神醫學協會（American Psychiatric Association）的《精神疾病診斷與統計手冊第四版修訂版的診斷準則參考書》（*Desk Reference to the Diagnostic Criteria from DSM-IV-TR*），「當一個人面對符合以下兩項條件的創傷事件時：（1）當事人經歷、目睹或者面對了涉及真實或可能發生的死亡或嚴重傷害，或對自己或他人的身體完整性構成威脅的事件；及（2）當事人的反應帶有極度的恐懼、無奈或驚恐」[3]，就會出現創傷後壓力症。換而言之，死亡或面對死亡，是壓力症狀的誘因。在事件中所引發的壓力症狀，或許有可能，也或許沒有可能，嚴重到符合創傷後壓力症的所有標準，不過，一些症狀卻是可以預期的。我陪伴許多來到醫院面對喪親之痛的家屬及朋友，知道創傷所帶來的影響是不能輕視的。在美國文化裏，我們對死亡避而不談，到最後不得不面對的時候，我們的反應是惶恐不安。有人把這種情況稱為死亡的**打擊**。倫度針對這種現象寫道：「應變的能力被完全覆沒，始料不及的喪親使倖存者震驚惶恐，覺得失去控制、迷茫、不安、自責、絕望。」[4]突然喪親引起的身體症狀已經使人煩亂，再加上情緒上的悲痛，足以使人失去應付現實的能力。到底我們受到甚麼影響，以致有嚴重的反應呢？

首先，創傷事件震撼了我們的信念和心靈。我們平時的生活順利，把心思花在繳付賬單、計劃接下來的工作項目或期待下次外遊的假期等日常事務上，於是以為世事可料，有迹可循，並且在我們力所能及的範圍之內發生。然而，死亡卻侵襲、擾亂、毀壞了這些假象。當有人因意外或疾病突然離世時，世界不再井而有序，變得難以捉摸。我們發現自己原來非常脆弱，並且需要面對我們自己難免一死的事實，這使我們感到失去控制、失去保護、恐懼不安，這些感覺把我們的信念帶到陌生的領域中。我們問，當事件發生時，上帝在哪裏。我們的問題不僅是「怎麼能發生這種事？」，而且是「神竟然允許這種事發生在我身上嗎？」。我們可能對神嚴重失去安全感、失去信心，難以再相信祂將看顧我們。

這些感覺來得很快，有時候甚至當事人也無法表達出來，但是這些感覺所產生的影響是實在的。我們困惑不已，突然有一團感覺襲上心頭，當中包括憤怒、內疚、無奈、懊惱、矛盾、焦慮等等。我們覺得上帝與自己同在嗎？我們能領會祂那無法測透的平安嗎？我們願意把創傷事件交託在上帝手中，因為知道祂將在當中成就旨意嗎？我們有時候做得到，有時候卻做不到。無論怎樣，死亡給我們帶來很大的打擊，迫使我們重新思考信心的問題和對正常生命的種種假設。

死亡的另一個困擾人的問題在我們親眼目睹屍體的時候發生。除非我們因職業的關係對屍體司空見慣，否則的話，看見屍體的印象很難磨滅。我們不但難以忘記，並且我們當時所見、所嗅、所觸、所嘗的每一個細節都儲存在記憶裏面。一方面，我們平常用以面對失望或悲劇（一如在如此突然的情況下）的應對機制失了效，另一方面，我們需要面對令人恐懼不安的現實，但卻無法改變其結果，於是我們所有的感官都過度活躍起來，在**感官性大腦銘刻**（sensory brain imprinting）的過程中記錄下每一個感官細節，也就是說，看見屍體的事件使我們所有五個感官都超出負荷，以致留下生動逼真的深刻記憶。在創傷事件以後，這些記憶就會在腦海中回閃出來。這是一種非常正常、普遍、可以預料的現象，在條件允許的情況下就會出現，影響當事人。

根據《精神疾病診斷與統計手冊第四版修訂版》，創傷經驗所導致的壓力反應包括：視覺回閃在日常生活中突然侵入我們的意識中、夜間有夢境回閃的現象、創傷事件再次發生的感覺（即再次經歷事件）、在類似的環境中產生極度不安的感覺（例如：再次來到醫院）、持久地躲避與創傷事件有關的刺激物（例如：躲避能引起有關記憶的思想、感覺、對話、活動、地方或人物）。[5]有關的回閃未必只是視覺上的，而是可能涉及所有的感官。

我一直都很注意這個現象，因為會在工作中帶領家屬到急症室送別他們的摯愛。我們必須留意這一點，因為他們將記住事件中每一個細節，而大部分細節都令他們傷感。我還記得有一個家庭，他們的兒子在工作的意外中喪生。他被送進急症室時，醫護人員用盡急救措施來挽救他的性命。他的身體因血管輸液而腫脹，他被插上膠氣喉（呼吸管及連帶的儀器讓人看來很不舒服，甚至令人害怕），血液和其他體液的氣味撲鼻而來，他的膚色是灰藍色的，並且有血不斷從鼻孔和耳孔流出來。這種景象並不是家屬通常願意對兒子留下的最後記憶。我試圖預先描述一下他們將會見到的情形，為他們作好心理準備。身為倡導者，如果你估計病人的傷勢可能令家屬悲傷不已，我建議你比家屬更早看一下病人的狀況，然後把第一印象轉告給家屬，以便把他們將可能面對的驚嚇減到最低。在以上的個案中，四位家屬決定一起去看那位受傷的兒子。母親一進創傷手術室就失聲痛哭，擁抱著兒子，輕吻他的前額，輕撫他血迹斑斑的頭髮。她把頭埋在他的胸口上啜泣了近十分鐘。其他家屬——包括父親、舅父、姐姐——全部流淚痛哭，彼此相擁。我想，母親的感官無疑超過了負荷。兒子的死來得太突然，震撼了她的生命觀，讓她記起生命太脆弱。她如此接近兒子的時候，不但**看見**他的傷勢（滲出來的血），而且**聞到**他的體味，**聽見**急症室裏的人員談論他們最近的滑雪之旅（對一位悲痛中的母親來說不是好的記憶），**嘗到**皮膚上的體液及衣服，並且**感覺到**他身體的腫脹和死亡的靜止。她那一刻所有的感官經驗都深刻地印在腦海裏，留下難以磨滅的印記，並將在多年以後仍然存在記憶裏，成為她生命中最可怖的一部分。後來，家屬們請我為他們的兒子祈禱，我把他們聚集在他身邊，大家手拉著手，把他交託在上帝的手中。家屬們離開的時候，我想，不知道在這次創傷的經歷之後，母親的生命將產生怎樣的改變。沒有人能用話語來安慰喪親的痛苦和受傷的心靈。不過，如果能讓家屬確信，神愛他們的兒子，已在意外之中看顧了他，對他們來說是信心的重要確立，因此我們需要把這些話說出來，讓家屬記起神的愛。

我自己也經歷過創傷後壓力回閃，事發在急症室看見一位燒傷者的兩天之後。意外發生的起因是，該名傷者在家裏的地庫一邊吸煙一邊給槍上子彈。槍的火藥被點著，產生爆炸，燒著了整個房屋。該名傷者雖然找到出路逃生，但身體超過六成嚴重燒傷。急症室醫護人員的搶救任務做得非常出色，為該名傷勢致命的傷者挽回了性命，儘管他的皮肉和毛髮都燒焦了。 對此，我深以他們為榮。其中一位護士與他尤其接近，忙碌了近一個小時，負責保持空氣暢通、儀器運作正常。燒焦的氣味很可怕，瀰漫了整個急症室。我近距離接觸過傷者，因為要告訴他家屬正趕來探望他，而我也在為他祈禱。數小時後，他乘搭飛機被轉送往鄰州的燒傷治療中心。第二天，那位參與搶救工作的護士來找我尋求幫助。他說，整個經歷令他徹夜難眠，而常常出現的回閃令他困擾不已。我聆聽著他的「自我解勸」。他是經驗豐富的急症室護士，所以明白盡量詳細講述事情的經過可以幫助自己跨越這個心理障礙。

令我自己驚訝的是，當我第二天早上駕車來到急症室停車場的時候，猛然聞到兩天前在空氣中瀰漫著的皮肉和毛髮燒焦的氣味。這種揮之不去的氣味令我畏縮了一下，又令我猶豫是否進入創傷手術室，跟該名傷者傾談。我不禁低頭看了看自己的衣服，自問是否還穿著兩天前所穿的襯衣或長褲——事實上，我的衣服跟當天穿的不一樣。我猜想，也許腳上的皮鞋沾染了那種燒焦味，但是為甚麼到了急症室的停車場才聞到這種氣味？然後，我意識到這是嗅覺上的幻覺，是印在我記憶裏的氣味回閃，我簡直像在同一間創傷室裏站在傷者身邊一樣真實。我也會有這種如此真實的幻覺！這令我覺得恐怖。不過，我們都應該明白，這些反應是很普遍及正常的人類經驗，將在我們再次面對類似經驗時影響我們。

其他導致創傷的因素

創傷一詞可以指「意料之外的災難性經歷遺留下來的記憶，所產生的情緒上的不安及壓力狀態，而該記憶打破了倖存者的可以倖免於難的信念。」[6]雖然在大部分情況下死亡主觀地及**內在地**帶來創傷，在某些情況下，死亡發生時的**外在**客觀因素能使創傷的感覺更加嚴重。倫度列出五種因素，令個別的死亡在客觀上具有創傷性，這也令我們更進一步了解所預料的一些可能引起的創傷反應。[7]

1. 任何突然的、意料之外的死亡都帶來創傷

一個人的意外死亡往往令親友震驚、呆若木雞，他們難以明白如此恐怖的事情怎樣發生、為甚麼發生。這種喪親的嚴重影響難以在短期內消化，親友需要一個緩慢的過程來接受這陌生的噩耗。喪親的家屬一般難以接受的事實是：他們沒有機會跟死者道別。他們想起上一次跟死者的交談如今變成永訣，就覺得憤怒——當時根本不知道那將是他們最後一次的談話機會。有時候，家屬變得竭斯底里。

我仍然記得一次尤其恐怖的意外事件。在意外之中，一名中年父親在工作場地被重型機器壓傷。他被送進醫院後，急症室醫生奮力進行搶救手術，但他最後在三十分鐘內不治。他的妻子海蒂（Heidi）及其兄弟比爾（Bill）進入家屬支援室時，我已在那裏。海蒂收到丈夫上司的電話通知，得知他在工業意外中嚴重受傷。

她顯得十分不安，身體顫抖，急著問我：「情況怎麼樣？」在一般情況下，是應該由醫生解釋傷者的情況，或者在傷者死亡的情況下，由醫生宣佈死訊。我雖然知道她丈夫已經離世，仍然馬上去急症室請醫生來親口告訴她丈夫的死訊。醫生一進家屬室，他的面部表情已令海蒂失控。她開始哀哭，淚流滿面，已經聽不見醫生的安撫和解釋。她所知道的，就是丈夫已經離她而去。醫生早已流露出關切之情和無奈的感覺，對我說：「我不知道該怎麼辦，把她交給你了。」

海蒂看見醫生走向門口，馬上站了起來。她肌肉繃緊，握緊了拳頭，跟隨在他後面，好像要打他。醫生轉身制止了她，雙臂環抱她，按在她背上。她高聲叫道：「太不公平了！我丈夫發生甚麼事了？他在哪裏？你對他做了甚麼？」我走上前去，雙臂環抱他們兩人，馬上被海蒂的手肘擊中胃部。我和醫生合力制服海蒂，她一邊掙扎，一邊尖叫、揮拳，哀哭不停。我們盡力平伏她的情緒。最後，她倒在地上，哭著說：「我連跟他說『再見』的機會都沒有。我連跟他吻別的機會都沒有。」原來在意外發生當天的早上，他把子女送往學校，她則正在家中淋浴。那是他生命中最後的一個早上，而她則再也見不到丈夫了。

在這個突發的意外之中，在一些客觀因素的影響下，海蒂比一般須要面對突發死亡的喪親者經歷了更深的悲痛。她需要時間消化自己不能再見到丈夫這一事實。在意外發生後，院方不允許她進恢復室見丈夫最後一面，因為丈夫的身體因意外及手術而嚴重扭曲變形。我不知道她能否在殯儀館見到丈夫的身體，也許不能。

在不能看見屍體的情況下，她更加難以接受丈夫已死的事實。另外，她沒有機會跟丈夫道別，這通常使她在以後的日子，都要面對一連串的哀傷問題及其他的遺憾。還有，她因丈夫突然死亡而產生一般十分強烈的情緒反應。也許她本身是位高度敏感的人——這絕對可以從她激動的情緒反應看出來——不過，她將會出現的情緒是仍然預測得到的：憤怒、無奈、迷茫、混亂，並且她急不可待地找人責備，找人為丈夫的死負責。至於這次的恐怖經歷將給她永久地留下哪幾種情緒，以及她在未來的歲月裏每逢到醫院，將產生怎樣的反應，我們只能靠想像了。

2. 死於暴力，或者身體嚴重受損或狀甚恐怖的死亡

在突然的意外死亡發生時，另一項具創傷性的客觀因素，乃是死亡由暴力引致，或者身體受到嚴重損害後死亡。死亡若涉及暴力，甚或死者生前受到致命的襲擊而死亡，以致身體受傷殘缺，甚至可能死狀恐怖，都令親友面對最原始的恐懼、最根本對死亡的焦慮。在此情況下，家屬往往專注於死者臨死時的**感受**或經歷。當他們在**想像**中重組死者死前曾經歷的片段時，這種創傷後的**影像**令他們特別難以承受，並且令**他們**因無法減輕死者當時的痛苦而感到極度的無奈。由於在此情況下死去的人一般都死得突然，其親友也會跟海蒂一樣經歷哀傷的過程。雖然海蒂當時在醫院並沒有說出自己猜想丈夫在去世當天的感受，但我估計，她在稍後再回想意外的時候，也許會常常想起這個問題。

3. 任何隨時發生的死亡，或可以避免的死亡

如果死者的死亡本來是可以避免的話，親友難免會認為悲劇本來不必發生。死亡本來是可以避免的。這種死亡往往在工業意外中發生。在工作場地裏，本應安全至上，而意外一旦發生，死者家屬往往十分憤怒。他們既然認為死亡本來可以避免，就會追查導致意外的原因，繼而希望疏忽者受到懲罰。雖然往往有人需要承擔責任，但是在很多情況下，意外終歸是意外——恐怖的意外已經發生。人生中的意外使我們覺得不公平、不公義，而激動的情緒通常促使我們在喪親後，為這事尋求一個意義。

倫度在描述有親人在意外喪生之人的心路歷程時，精闢地寫道：

> 隨時發生的意外尤其令人驚恐，因為它們無法預料，因此無法控制：人不能保護自己免於意外。因此，哀傷的親友或意外中的受害者的普遍反應就是自責。如果他們為意外承擔了責任，現實似乎容易應付一些——因為這樣就可以讓他們感覺到自己可以控制現實，從而避免面對這個事實：意外的確是隨時隨地發生的。當我們想保持讓自己覺得現實並非難料，而是有規律、可靠的時候，就要付上自責的代價。這種心理狀態跟「責怪受害人」背後的心理狀態相似。在這兩種心理狀態中，人們都試圖把意外事件從隨意發生的領域裏抽離出來，因而剔除人不能保護自己的事實因素，令他們認為有些因素是可以控制或避

免的，因此能夠在將來預防意外再次發生。[8]

有人曾說過，指責別人容易，留意自己的過失卻很難。事實上，我們就算心裏以為要在自己能力範圍以外為某事承擔責任，也不應該自以為或假裝明瞭自己所有內在的複雜心理因素如何影響著我們。當然，我們可以提高自我意識。在上述的案例中，一個人在面對突如其來的死亡，並試圖理解它的時候，其世界觀或個人生命觀無疑會產生劇烈的變化。如果這個人要在醫護場合中就死亡或臨終的問題，做出一些決定（或作為幫助別人的倡導者），他將設法維持自己能控制局面的感覺，因而會不惜一切代價保護生命，就算最先進的醫學技術已經放棄治療，任由生命自生自滅。我們常常在不自覺的情況下受過去的經歷所牽制，讓它們影響我們將來的生命。

4. 多重死亡

第四種具創傷性的死亡是多重死亡。多重死亡的哀傷處境是指在一次事件或緊密相連的多次事件中喪失兩名或以上的親友。這種情況的例子包括：自然災害（颶風、地震、龍捲風、火災等等）、謀殺／自殺案件、汽車意外、飛機失事意外，或其他未預見的意外。這些情況往往使喪親的家屬很難面對，也為他們的心靈支持者帶來困難。另外，以我的經驗來看，如果一個人在短期內（例如，一年內）接連喪失兩名或以上親友，所遭受的打擊也是巨大的。我遇到過許多次這類情況，接觸過一年內接連喪失母親、妹妹、叔叔、摯友的家屬，從傾談中得知他們面對多重死亡的哀傷的困難。他們常說：

「今年真是糟透了！」在這些情況中，受影響的人所經歷的是一些治療師所指的**哀傷過度**。我們被喪親的規模所擊倒，一下子驚惶發呆，開始悲傷、反思生命，繼而重整生命裏重要事情的優先次序。如果在意外中喪失的都是我們生命中重要的人，我們的哀傷週期變得很複雜，因為我們要為死者甲哀慟的同時，還要面對死者乙和死者丙的離開，我們沒有足夠的空間逐一為每位死者哀慟，因此哀傷期將會延長，而我們的生命在長期的哀傷期中一直受到影響。

跟上面一樣，我們如果在這種哀傷過度的情況下，須要就傷者的狀況作出生死決定的話，就難免會作出挽救生命的決定，以保護自己免受額外的傷心或痛苦的折磨。這種情況導致了醫院裏一個很普遍的現象，病人或傷者不能夠帶著尊嚴離世，因為已承受喪親之痛的好心的家屬，不能再面對又一個親友的離開。

5. 親自面對死亡或屍體

最後一種具創傷性的死亡，是一個人在正常經歷以外親眼目睹屍體，因而受到驚嚇，生命觀和世界觀劇變。一個人看見親人自殺後的屍體，將會大為震驚。同樣地，一個人需要辨認小童或燒死或溺斃的屍體，將受到很大的創傷，繼而產生創傷後壓力反應，包括感官和大腦的銘刻，引致認知上、身體上、情緒上的壓力反應。在這種情況下，受創的人往往需要個別輔導。

我常與在致命的交通意外中倖存的人傾談。有時候司機存活下來，但在意外中目睹乘客殘缺的身體，乘客最初仍有呼吸，然後慢慢地死去，而司機被困在車內愛莫能助。我記得有一位男士在這種情況下失去妻子。我坐在他的病牀邊，聽他講述與亡妻在她人生最後的幾分鐘內經歷的事情。那是他對她死去時每一個細節的深刻記憶。這種經歷可能成為人一生中最傷心的記憶。

撮要

我們的個人經歷中一些曾經震撼了我們的事件，將繼續影響我們，並且在我們的引導性價值系統中扮演重要的角色。個人的創傷經歷和喪親所造成的持續影響難免會時刻左右我們在作決定時的反應。對於凱瑟琳來説，醫院的場合難以面對；同樣地，我們自己也存在著一些逃避的行為，阻礙我們有效地扮演倡導者的角色。我們需要做的是，提高自我意識，以更深入地了解自己的感受和價值觀，及其背後的原因。如果我們要成為有效的倡導者和充滿憐愛的基督徒支援者，去幫助需要面對困境和作出醫療決定的病人或家屬的話，就需要明瞭我們自己的經歷如何影響著我們，繼而客觀地處理它們，以至能夠真正地回應受助者的需要。任務雖然艱巨，但我們如果能成為神的器皿，為所珍重的人的生命帶來祝福，我們的回報將是豐盛的。

註釋：

1. Theresa A. Rando, *Treatment of Complicated Mourning* (Champaign, IL: Research Press, 1993).
2. Lula M. Redmond, *Surviving: When Someone You Love Was Murdered*. (Clearwater, FL: Psychological Consultation and

Education Services, 1989).

3. American Psychiatric Association, *Desk Reference to the Diagnostic Criteria from DSM-IV-TR* (Washington, DC: American Psychiatric Association, 2000).
4. Theresa A. Rando, "Complications in Mourning Traumatic Death," in *Living with Grief after Sudden Loss*, edited by Kenneth J. Doka (Washington, DC: Hospice Foundation of America, 1996), 145.
5. American Psychiatric Association, *Desk Reference to the Diagnostic Criteria*, 218～222.
6. Charles R. Figley, "Role of the Family: Both Haven and Headache," in *Role Stressors and Supports of Emergency Workers*, edited by M. Lystad (Washington, DC: DHHS Publication no. (ADM) 85-1408, 1985), xviii.
7. Rando, "Complications in Mourning Traumatic Death," 145～152.
8. Rando, "Complications in Mourning Traumatic Death," 149.

4

倫理及倡導的聖經基礎

在我遇見過的人當中，很多都坦白地承認，有時候懷疑自己需要作出的一些令良心不安的決定是否恰當。例如，一名離婚婦人說，她自知應該盡力挽救婚姻，但同時又覺得生命中很多問題都是源自這段不開心的婚姻關係，因此做了一些事情導致婚姻的破裂。她說：「我這樣做對嗎？我自己也不肯定。」一位住在美國西北部的男士說：「我向福利部門撒謊，為的是讓子女得到溫飽，因為現在的制度並不容納一個『應該』有能力工作的白種男人不工作。」一名醫生把病人轉介給保健制度之內的機構接受治療，但其實他的重病本來或者可以在一家教學醫院裏得到外科專家更好的治療，這名醫生為此感到內疚。在複雜的二十一世紀社會裏，很多事情變得不再是非分明，似乎浮游在灰色地帶裏，而不幸的是，我們的親友面對這些掙扎時，都在靠自己的判斷，缺乏獨立的倫理標準可以依循。我們住在一種道德真空的文化裏，人們常常因環境需要而自己製造一套真理。

我們平時接觸的許多人都採取這種哲學態度面對人生，普遍來講，就是所謂的「實用主義」。在**實用論**中，真理就是「行得通的東西」。[1]人們可以自編一套真理來幫助自己解決各種問題。然而，「行得通的東西」是一種主觀的判斷，並且因人而異，所以實用主義是一種「相對主義」。正如哲學家祈理富（Peter Kreeft）和塔西里（Ronald Tacelli）所述，謨爾（G. E. Moore）指出了實用論的問題核心所在，幫助我們認清背後的謬誤推理：

> 在文章〈詹姆斯的實用主義〉（"William Jame's Pragmatism"）中，謨爾指出真理的實用論乃基於語言混亂。在語言中，有很貼切的詞語來表達「行得通的東西」這一概念，那就是「有效率」或「有效果」或「有用」。我們如果把真理貶低成「行得通的東西」，就撇棄了真理中與別不同、獨特而獨立的意義，那就是「實事求是」。謨爾直截了當地概述說明，真理不能指「行得通的東西」，因為真實的事情並非常常「有用」（例如，死亡），而「有用」的東西並非常常真實（例如，「成功的」謊話）。[2]

與這種普及但低俗的實用主義思想相反，基督教的信仰是：神以「啟示性」的方式向我們述說及展示了真理，這種真理不但真實，而且能反映我們生命的本相。基督徒仰賴聖經來追求客觀真理，因為它是倫理取向的獨立的指路明燈。

因此，基督徒可以稱為「屬聖經的人」。葛倫斯

（Stanley Grenz）寫道：「這種描述是適當的，我們把聖經看為神的啟示，也因此不斷地依據聖經的指示來選擇應該相信甚麼、做甚麼。我們願意查考聖經，以至能夠以耶穌基督的信徒的身分在神面前信實地生活」。[3]我們相信，聖經是神給我們的話語，由聖靈所默示，字裏行間都滲透著真理。提摩太後書三章16至17節提醒我們：「聖經都是神所默示的，於教訓、督責、使人歸正、教導人學義都是有益的，叫屬神的人得以完全，預備行各樣的善事。」詩篇的詩人為此權威的及靈性上的教義增加了額外的分量：「至於神，他的道是完全的；耶和華的話是煉淨的。凡投靠他的，他便作他們的盾牌。」（詩十八30）此外，詩篇十九篇7節說：「耶和華的律法全備，能甦醒人心；耶和華的法度確定，能使愚人有智慧。」每個國家每個文化裏的基督徒都視聖經為真理之聲，講述了人類經歷和生命中靈性上的真實狀況。聖經是神賜予子民的特別禮物，並且在我們疑惑的時候，在我們於決策過程中需要引導的時候，給予我們無比的力量。

我認為，基督徒在作為幫助別人作出決定的倡導者，尋求聖經的神學教導時，需要注意三點。當然，聖經的神學教導對於醫學倫理的啟發遠遠不止於此。在這裏，我們至少需要建立一個基礎，以使自己在做神的器皿，嘗試「互相擔當各人的重擔」（加六2）時有所依據，可以慎思而行。

首先，應該把醫學倫理放在基督教的教義裏來進行衡量，因為基督教紮根於神所彰顯的屬性。神一直透過大能的作為和對人類生命的介入來彰顯自己，並向我們宣告了自己的名。祂以特別的屬性來表述自己。第二，我們需要明白，人是照著神的形象創造的。我們正因為是照著神的形象創造的，所以是無價之寶，有神賦予的權力來享有個人的尊嚴和尊重。第三，進行基督教的倫理倡導必須以聖經為依據。使徒保羅在寫給腓利門的書信中，精彩地記錄了一個倫理困境，以及如何在這個困境中作出倡導。保羅示範了如何為他在基督裏的「兒女」做合乎人類倫理之人。在聖經的新約中，這封短函是進行倡導的良好範例。

倫理源自神所彰顯的屬性

根據聖經，神揀選了某些人作為祂的器皿，讓整個人類明白祂的屬性。摩西便是其中一個蒙揀選的人（出二章）。他是希伯來人，作為少數民族寄居在高度文明的埃及。他在嬰孩時被放在尼羅河裏，幸虧由法老王的女兒救起，倖免於死，之後在法老王的宮裏長大，接受上流社會的教育。他長大成人後，殺死了一個虐打希伯來奴隸的埃及人，因而被迫逃離埃及。一天，他在米甸牧養岳父葉忒羅的羊羣的時候，看見被火燒著卻沒有燒毀的荊棘。這件怪事及摩西的反應記載在出埃及記三章3節中：「摩西說：『我要過去看這大異象，這荊棘為何沒有燒壞呢？』」這裏描述摩西被一種異象所吸引，它有違於自己所理解的自然規律——沒有燒毀的荊棘。當他走近荊棘時，神「就從荊棘裏呼叫」他的名字「摩西」，並說：「我是你父親的神，是亞伯拉罕的神，以撒的神，雅各的神。」（出三4～6）。摩西的反應跟一般人一樣，就是害怕，並試圖躲藏。按照自然規律，荊棘及裏面的聲音是不合理、是難以解釋的，這一切都清楚地記載下來。

神呼召摩西帶領受逼迫的希伯來人離開埃及的情節引人入勝，而當摩西接受了神的召命，一一實現神的計劃時，就展開了一連串的神蹟奇事（神在人類歷史上的介入），最後改變了埃及及希伯來兩個民族的文化。至今，猶太傳統中都有每年一度的逾越節晚餐，以記念此事（出十二章），説明了這件事在歷史及文化上的深遠影響。猶太教—基督教的信仰是，神透過具**啟示性的歷史**來向我們説話，彼得後書的作者概括了這種「啟示」的觀念，以及神透過人説話的獨特之處：「我們從前將我們主耶穌基督的大能和他降臨的事告訴你們，並不是隨從乖巧揑造的虛言，乃是親眼見過他的威榮……第一要緊的，該知道經上所有的預言沒有可隨私意解説的；因為預言從來沒有出於人意的，乃是人被聖靈感動，説出神的話來。」（彼後一16、20～21）

舊約倫理學家萊特（Christopher Wright）強調了實用主義與歷史事實之間的差別，説明它們不能同時成為倫理的基礎：「我們相信，神在以往及在將來都積極介入人類的歷史，因此每件事和事情發生的次序都存在著倫理上的意義。如果不深信神對於每件事的參與和關注，倫理就變成實用的東西，甚至是可有可無的。如果是這樣的話，有誰在乎呢？然而，正是因為這個在以色列發生的真實確據，人們發展出一整套的文學類別——我們視為理所當然的體裁——預言式歷史敍事體。」[4]這種文體不但記載了十誡（人類倫理的基石，參見出埃及記二十章），而且涵蓋了阿摩司書、彌迦書、以賽亞書、耶利米書等等，最後以拿撒勒耶穌的生平和教導終結。

古德格（Douglas Groothuis）反對近期的後現代運動的哲學傾向及其觀念，即「倫理現實只能在孕育它們的文化裏找到」，也反對羅蒂（Richard Rorty）、傅柯（Michel Foucault）及利奧塔（Jean-François Lyotard）的理論，他們認為：「我們在歷史上『由始至終』習慣跟基督教所理解的啟示性真理相對立。」[5]近年來，採用杜威（John Dewey）和突夫茨（James H. Tufts）[6]所提出的實用模式並選擇一套自然醫學倫理觀的學者，例如麥吉（Glenn McGee）[7]、芬斯（Joseph Fins）等，他們鼓吹的醫學倫理觀已受許多當代倫理學家所擁護，也是屬於後現代模式。葛倫斯從基督教的角度總結了這種影響力：

> 後現代主義把客觀的真理置之不顧，至少一直以來被認為是如此。傅柯、德里達（Derrida）及羅蒂反對千百年來主導的認知論原則——即真理符應論（correspondence theory of truth，即相信真理與涉及「真實存在的」世界的前題相符合對應）。否定真理符應論，不但使人懷疑一般客觀真理的概念，並且破壞了基督教所提倡的說法，即我們的教義陳明了客觀真理。[8]

實際上，天下萬民都由惟一的最終真理連結在一起——神透過猶太民族彰顯自己——這個真理超越了時空，環繞著萬族。[9]與實用主義派的自然主義及後現代派的懷疑主義相反，基督徒眼中的世界是由一位超越一切的神所愛的，祂向子民說話，透過神蹟奇事展示真理，在歷史事件中安定人心，讓人們看見何為客觀真理，同時也重視全球各族子民的屬靈體驗。

因此，基督教的倫理行為的本質與內涵正是紮根於神所彰顯的屬性。我們要以神在歷史上與我們的互動作為榜樣來待人處事。這項原則在利未記十九章2節中有清楚的描述：「你們要聖潔，因為我耶和華——你們的神是聖潔的。」萊特認為「聖潔」是聖經概念：

> 我們以為「聖潔」是指個人的虔誠，或者在舊約裏，是指儀式上的潔淨、正確的獻祭、潔淨與不潔的食物等等。但是，利未記十九章其餘各節都向我們展示出，反映神本身的聖潔的那種聖潔是完全可以應用出來的，這包括在收割的時候慷慨賙濟窮人、對工人施行公義、在審斷時公正、對鄰舍體諒包容、在律法之下看外人如同本地人一樣、進行公平的買賣，以及其他非常「屬地的」社會活動。在整章中，都重複著「我是耶和華」，就好像在說：「這是我要求你們做的，因為我自己會這樣做」。[10]

在整卷舊約中，從摩西五經開始，按神的樣式做人就成為人類的倫理標準。

這種原則與新約裏耶穌的教導一脈相承。耶穌明確地重申了舊約的標準：「莫想我來要廢掉律法和先知……就是到天地都廢去了，律法的一點一畫也不能廢去，都要成全。」（太五17～18）然後，祂以自己的話語勸導人們要效仿神的樣式來生活：「所以，你們要完全，像你們的天父完全一樣。」（太五48）同時，祂在講述神國度的倫理標準時，也有著來自神的權柄：「眾人很希奇他的教訓；因為他教訓他們，正像有權柄的人，不像文士。」（可一22）在論述耶穌的權柄時，維海（A. D. Verhey）寫道：「祂不僅僅是一位虔誠的律法師，還是宣告神臨在中的主權，並傳揚神的無上旨意的使者。」維海認為，耶穌堅守的道德標準的特色是：服事、信實、內在的聖潔（而非外在的守法），以及犧牲的愛。[11]誠然，耶穌基督的獨特之處，在於為愛人的緣故放下生命，完全順服於神的旨意之下。祂同時也示範了神的屬性，不是令人驚恐，也不靠威逼，而是對子民充滿憐愛，甚至願意犧牲自己。因此，從摩西受召，帶領百姓接受十誡，以至貫穿整個舊約歷史和先知的啟示式敍事，一直到新約裏耶穌的愛及捨己，聖經都給予了基督徒真理的確據和喚醒人心的見證，成為倫理反省的基石，全部以神所彰顯的屬性和我們對神的效仿為中心。基督教的這種倫理觀的基礎與後現代倫理觀背道而馳，後現代倫理觀攻擊真理，並且重視多元化和文化差異。

基督教倫理學家恩格爾哈特（Tristram Engelhardt）認為，醫學倫理的神學基礎應該建基於我們的生命與神之間的關係上。這就是說，我們應該把焦點從以自己為本轉向**以神為本**，從中學習祂的做法。他寫道：「基督教的醫學倫理觀並不只是與日常生活對立的學術道理，如果它真的是基督教的倫理觀，就涉及到基督徒在兩性關係、生養、困境、疾病、殘疾、健康護理、垂危等等方面的生活經歷。就是對醫學倫理所牽涉的一切挑戰所作出的生活化反應。」[12]對於基督徒來說，只有這種根植於聖潔的神的屬性的倫理觀念，才能為現今的倫理困境提供有力而合理可行的出路。比起實用主義和後現代主義所提倡的種種方法，千古不變的啟示的真理為準繩的倫理觀，為需要決策的人提供了更確鑿的基礎。

人是照著神的形象造的

各派學者對於人類都自有一套看法，其中弗洛依德（Sigmund Freud）對很多學科都產生了深遠的影響。他主張的學說是，人類像生物機器一樣，由生理本能，尤其是性本能所驅動，繼而作出可以預測的反應。[13]如今，一些理論家則認為可以透過生理學來了解人類。行為心理學創始人斯金納（B. F. Skinner）提出，人類是複雜的動物，習慣性地回應正強化物或負強化物。[14]對於斯金納來說，人是能加以訓練的。他的支持者所強調的是，透過恰當地操控人類行為，可以達致改良整個社會的效果。另一方面，聖經則反映出，人類乃由主上帝創造，是獨特的，擁有個別的性情。與弗洛依德、斯金納或其他理論家所提倡的相反，聖經說：「神就照著自己的形像造人」（創一27），因此把人從簡單的心理學、生理學或其他宿命論學說中分別開來，表明了人類寶貴的價值和尊嚴，而這種價值正是由造物主上帝獨特地賦予的。葛倫斯在說明這種與以人為本學說相對立的**神學**論說時，寫道：

> 只有承認「神是造物主」，才能為有關價值的倫理問題提供最終的答案……哲學倫理所重視的是人應該作出甚麼價值判斷、價值判斷的基礎

> 是甚麼。哲學家提供的答案普遍反映了哲學理論之大致上以人為本的特質，到了最後，最終作出判斷的仍然是人，所依據的是人類對美好生命的概念。而人類視任何造就這個生命的東西都有價值。但是，只有承認神是造物主，才能把討論提升到神學的層次，為價值問題提供一個神學上的基礎。基督教倫理學乃從聖經所描述的神聖造物主的角度來看價值的問題。萬物的價值最終只有由聖經所述的造物主來定奪。上帝給予真實的價值，因此是價值判斷的標準，而這位上帝讓我們根據祂的標準來作出價值判斷。[15]

對於一些希望採納啟示性進路來處理醫學倫理、並在醫學決定中尋求教牧倡導的基礎的基督徒來說，上帝賦予人類價值這一事實對於他們來說非常重要。事實上，「神的形象」有多重意義，並對於了解我們以下探討的人價值的問題有多重影響。

首先，人是照著神的形象造的——這一事實是人的**靈性**基礎。[16]雖然基督徒情願以**關係**而非**信仰**的層面來描述我們與神之間的往來，但是在醫學場合中，在描述個人信仰上的承擔或信仰傳統時，我們需要選用靈性這詞語。因此，我在此沿用這種醫學上的詞語選擇。我相信，靈性在上帝創造萬物的過程中已經賦予給我們，是神的形象不可分割的一部分。事實上，靈性是人與神的關係的一種描述。布爾格曼（Walter Brueggemann）在闡述創造過程中的這種顯而易見的特別關係時，寫道：「重要的是，在神的八項創造之舉中，神只對人類直接說話，而並沒有對其他受造物說過任何話。相反地，在創世記一章28節中，神對人說話，並在29節中兩次直接稱呼人：『你們』。人類與造物主有著與眾不同的親密關係。」[17]巴刻（J. I. Packer）也強調上帝向人說話是靈性關係的起點：「在此，神直接稱呼人類，於是神與人之間的契合由此奠定。」[18]另外，巴特（Karl Barth）和賓納（Emil Brunner）也認為，這種神的形象（*imago Dei*）的觀念對我們了解人的價值有深遠的意義。[19]因此，每個人都可以透過這種創造的靈性，與上帝契合相通，而人如果掌握不到身為人所與生俱來的這一部分的話，就不免有孤獨或欠缺的感覺。所有人都必須學習辨別並擁抱這種自己本身的靈性。

「神的形象」的另一重同樣重要的意義涉及到人的神聖的本性。聖經中神的形象似乎是普天下萬民都擁有的特性，因為我們每個人，不分種族、不分文化，都由同一位神所創造。此外，人生命的神聖性紮根於神的形象。千百年以來，神學家對於**神的形象**的意義和性質提出了各種各樣的學說，並探討了人的特性到底怎樣反映出祂的形象，包括智能或理智思考、或情緒及意願、或對萬物的治理、或男與女的性別、或倫理分析、或對神的認知等等。從有教會開始，在人裏的神的形象的確切屬性就成為吸引神學家不斷嘗試打開的謎團。最近，倫理學家雷（Scott Rae）及考克斯（Paul Cox）提出**實質的**理解（**substantive** understanding），即「形象」是人性內在的、而**非**僅僅擁有的東西。他們寫道：「聖經記載得很清楚，神的形象並非由人類擁有，而是他們內在的本質，是人的一項組構元素，是在受造的時候就有的。」[20]並且，「神的形象不是一種我們擁有或喪失的資格，卻是我們本身的一部分。」[21]這種論說在多方面來講都令人深省，尤其是我們作為基督徒，思考胚胎和胎兒的人命價值的時候。如果胚胎和胎兒已經內含了神的形象的所有本質的話，我們就要在醫學決定上，視之為已成形的人，是神聖的，應該予以保護。

雷及考克斯認為，聖經所展示的是一種「身分的延續」，從懷孕一刻那最細小的人類一直延伸到生命成熟。大衛在詩篇一百三十九篇13至14節寫道：「我的肺腑是你所造的；我在母腹中，你已覆庇我。我要稱謝你，因我受造，奇妙可畏；你的作為奇妙，這是我心深知道的。」在16節，大衛形容自己是「未成形的體質」，布朗（Brown）、德賴弗（Driver）及布里格斯（Briggs）將之譯為「胚胎」。[22]雷及考克斯把大衛的詩句的重要性概括如下：

> 大衛把13至16節中稱謝讚美主的人與1至6節那在母腹中被「聯絡」並裏裏外外所認識的人，看為同一人。換句話說，從人體形成的開始點到長成為成年人，一直有個人身分的延續，這就是詩篇一百三十九篇對於人本性的重要概念。一方面，神精心奇妙地創造了胚胎中的大衛，另一方面，胚胎中的大衛也正是寫這篇詩篇的大衛……因此，既然身分是延續的，就有理由提出，神的形象在人生命中的胚胎早期時就已存在。[23]

神學家艾利克森（Millard Erickson）也以本質的角

度看「神的形象」：

> 神的形象是在人的本性裏存在的，是人所被造的形象。它是人的屬性，而非人所擁有的，也非人的作為。人因為是人，所以就有神的形象，而無需藉著任何存在的事物……建立關係、行使治理權等行為雖然與神的形象緊密相連，但卻不是神的形象。[24]

這種對神的形象普遍的實質／本質觀，提供了最有力的根據，讓我們在現今的處境中不斷持守生命是神聖的這一信念。根據神的形象是全人類的共同屬性這一事實，我們可以引申出，每個人都有不可估量的、內在的個人價值，並且與人類其他成員擁有相等的地位。人有與生俱來的尊嚴，生命有與生俱來的價值。基於這一點，人的生命是神聖的，配得享有完全的保護和支持。

屬靈領袖有進行倡導的使命

最後，我們需要研究一下基督教的倫理倡導所依據的聖經基礎。保羅寫給腓利門的書信被一些學者視為神學上的異常現象，因為他們不明白為何一封教誨不多的私人書信會被視為是神所默示的，尤其是保羅對於書信內容並不宣示使徒的權威。例如，菲茨邁爾（Joseph Fitzmyer）寫道：「保羅並不以使徒的權威身分命令腓利門聽從他的吩咐。」[25]既然沒有使徒的權威，本來或者不應該把這卷書信納入聖經的正典之中。然而，當我們把腓利門書視為牧者進行倡導的典範，向我們示範如何在社會／倫理困境中表現出領袖的關注，本卷書信就不再平凡，超越了那種不太重要、不太切身的所謂對奴僕制度的「宗教回應」的範疇。在這裏，讓我們仔細看一下保羅在公元一世紀初所面對的倫理困境。

使徒保羅大概是在獄中寫信給一位住在歌羅西的基督徒朋友腓利門，他是逃跑了的奴僕阿尼西謀（Onesimus）的主人。阿尼西謀在逃跑途中遇見保羅，並因著神的恩典聽了保羅傳的福音而成為基督徒（門10）。阿尼西謀願意回到主人腓利門那裏，修補關係，與他和好。保羅讓他隨身帶著這封書信面見主人，信中解釋了阿尼西謀已經更新委身，並請求腓利門接待他為主內兄弟（16節）。書信的結構甚具古希臘和羅馬的文體風格，透過（1）陳述對方與保羅已有的關係；（2）理智的事實分析；以及（3）動之以情，來試圖説服腓利門。這封信有很強的感染力，展示出保羅為一位面對要作決定的困難處境的信徒進行倡導時，身為屬靈領袖所擁有的愛心與洞見。應該讓這名奴僕回到主人身邊嗎？還是應該讓他繼續以自由人的身分，履行新「事工」做保羅的同工和助手？他一旦回到主人身邊，會否被主人虐待，甚至處死？在基督中的主僕關係，加上虧負財產的問題（19節），都對保羅、腓利門以至阿尼西謀構成倫理上的兩難困境。在保羅的書信中，有兩點可以為今天扮演倡導者角色的屬靈領袖帶來參考。

首先，保羅為阿尼西謀作出倡導建基於一個**既有的牧養關係**。保羅作為神的器皿，帶阿尼西謀信主，因此對於這位主裏的「兒子」有著個人的負擔（10節）。他對阿尼西謀的關愛由此可見：「我現在打發他親自回你那裏去；他是我心上的人。」（12節）經文清楚顯示出，保羅與阿尼西謀已經建立了既有的關係。他愛阿尼西謀，想保護他，就像父親保護兒子、或監護人保護受監護人、或牧者保護羊羣一樣。同樣來說，保羅與腓利門的關係也建基於基督裏共同的生命。保羅在信中稱腓利門為「我們所親愛的同工」（1節）。隨後的經文清楚顯示出，保羅認識腓利門已有一段頗長的時間，也聽說過腓利門為基督做的各樣善事。他寫道：「兄弟啊，我為你的愛心，大有快樂，大得安慰，因眾聖徒的心從你得了暢快。」（7節）這裏也清楚顯示出一種牧養的關係，而保羅的倡導正是建基於這種獨特的關係上。

保羅視自己為基督及其國度的倡導者，是基督的「道路」的一名代表。他多次在不同的地方及教會鼓勵眾教徒在信仰的成長路上效法他。他對哥林多教會的會眾寫道：「你們學基督的，師傅雖有一萬，為父的卻是不多，因我在基督耶穌裏用福音生了你們。所以，我求你們效法我。」（林前四15～16）他在帖撒羅尼迦的時候，也鼓勵信徒效法他：「被神所愛的弟兄啊，我知道你們是蒙揀選的；因為我們的福音傳到你們那裏，不獨在乎言語，也在乎權能和聖靈，並充足的信心，正如你們知道，我們在你們那裏，為你們的緣故是怎樣為人。並且你們在大難之中，蒙了聖靈所賜的喜樂，領受真道就效法我們，也效法了主。」（帖前一4～6）這種對基督徒的勸勉見於其他書信。在希伯來書中，基督徒也受到同樣的鼓勵：「從前引導你們、傳神之道給你們的人，你們要想念他們，效法他們的信心，留心看他們為人的結局。」（來十三7）保羅在基督裏是領袖，因此是一位倡導者，而已與他建立了**牧養關係**的人會尋求他的教導，並願意徵求他的意見。

如果你在信徒中擔任領袖，無論是在教會中、查經班中、非正式的基督徒小組中，還是在工作場合中，都可能有人在信仰路上遇到難題時，來找你徵求意見。如果他們是堅守聖經真理的基督徒，大多會找信仰成熟的人，希望能更全面地看自己認識所面對的困境。在這種情況下，你有機會為基督運用你的影響力。彼得前書五章2節提醒「長老」，讓他們「務要牧養……神的羊羣」。如果有人把你看作是他們生命中的「長老」，你就應該感謝神使用你為器皿，在他們面前作主基督的生命見證。你扶持他們渡過困境的時候，成為他們效法的對像。

此外，保羅為阿尼西謀作出的倡導充滿了**憐愛、尊重和接納**，這可以從對腓利門的態度和提述阿尼西謀的寫法看出來。保羅並不是個人維護阿尼西謀，威逼腓利門視阿尼西謀高過奴僕，視之為主內兄弟，而是憑著愛心「求」腓利門收納他。保羅把選擇權交給腓利門，由他全權決定。穆勒（J. J. Müller）寫道：「保羅雖然有使徒權柄，並且靠著基督能放膽吩咐腓利門做合宜的事，並在此情況下規定腓利門履行簡單的職責，但是卻因著愛的緣故，選擇了以兄弟的身分請求、懇求他。」[26]保羅寫道：「我雖然靠著基督能放膽吩咐你合宜的事；然而像我這有年紀的保羅，現在又是為基督耶穌被囚的，寧可憑著愛心求你。」（門8～9）保羅在這裏示範了一種不強迫、對人尊重的倡導態度。他採用的方法是，並肩同行，加以安慰及提供意見。[27]保羅在9節所用的「求」字在希臘文中是 *parakalo*，意思是呼喚、請求、勸告、安慰。[28]鄧雅各（James D. G. Dunn）在討論保羅的用詞時寫道：「這個詞示範了教會在討論和辯論之中應該如何遣詞用字——就是說，不應該以權相迫或約束施壓……而是在會友互相信任的羣體中進行勸告、請求、懇求。」[29]

對於想為處於要作決定的醫學倫理困境的人帶來安慰、與他們同行的屬靈領袖來說，保羅的倡導方法是最佳典範。我們陪伴別人來到急症室或深切治療部的時候，不能假裝已經對整個處境瞭如指掌，或者知道基督徒家屬想做出怎樣的決定，也不能只是引述聖經，在完全不知真相的情況下隨便給一個敷衍的答案。我們當然**可以**記起聖經的真理，持守我們認為正確、有益處並具教誨意義的基督教倫理觀的基礎，但是同時也必須用智慧細心聆聽受助者認為重要的問題，並且尊重和接納其對事情的觀點。最重要的是，我們必不可把自己的一套強加於對方身上，以左右其決定。在需要作出決定的困難處境中，不強迫的方法才合乎聖經的教導。我鼓勵所有想成為倡導者的人效法保羅，以他寫信給腓利門的態度和做法為榜樣。在需要作出決定的情況下，基督徒有豐富的資源可以利用：即是見地相同、具有愛心的領袖的善意支持。加蘭（David E. Garland）向基督徒提供了一項很好的建議：「如果能把我們的一些私事說出來，請教牧者如何做出合乎道德的決定，也許能令我們獲益良多，因為自己私下解決問題，較可能會做出錯誤的道德決定。我們如果來到委身的基督徒中間，一起祈禱，就更可能選擇順從神的旨意，因為同行的基督徒會更堅定地幫助我們在生命中活出神的愛。」[30]

總括來說，我們在醫學倫理和基督教倡導方面研討了三項重要的聖經準則。我們把倫理的依據建基於神的屬性上。對於我們來說，出自其他來源的真理或者是僅僅是人的意見，缺乏了穩固而可供倚靠的基礎。此外，上文已顯示出，人生命的價值、人應享有的尊嚴和尊重，並不來自人文主義所宣稱的價值，而是來自神的創造本身，也來自人獨特的本質，即人有別於其他受造物，反映了神的形象。最後，我們討論了聖經中的保羅所寫的腓利門書，學習如何效法保羅為基督徒作出倡導。基督教領袖有神的召命，為他們所牧養的羊羣作出倡導。在以下的章節中，我們會探討醫生如何看靈性，以及各種的宗教信仰如何對醫療決定產生影響。

註釋：

1. Peter Kreeft and Ronald K. Tacelli, *Handbook of Christian Apologetics* (Downers Grove, IL: InterVarsity Press, 1994), 364～365.
2. Kreeft and Tacelli, *Handbook of Christian Apologetics*, 365.
3. Stanley J. Grenz, *The Moral Quest* (Downers Grove, IL: InterVarsity Press, 1997), 241.
4. Christopher J. H. Wright, *An Eye for an Eye: The Place of Old Testament Ethics Today* (Downers Grove, IL: InterVarsity Press, 1983), 24.
5. Douglas R. Groothuis, *Truth Decay: Defending Christianity against the Challenges of Postmodernism* (Downers Grove, IL: InterVarsity Press, 2000), 193.
6. 有關杜威和突夫茨對美國倫理理論的影響，見 Daniel Callahan and Sissela Bok, eds., *Ethics Teaching in Higher Education* (New York:

Plenum Press and The Hastings Center, 1980)。

7. 見 Glenn McGee, ed., *Pragmatic Bioethics* (Nashville, TN: Vanderbilt University Press, 1999)。
8. Stanley J. Grenz, *A Primer on Postmodernism* (Grand Rapids, MI: Eerdmans, 1996), 163.
9. Grenz, *A Primer on Postmodernism*, 164.
10. Wright, *An Eye for an Eye*, 26 ～ 27.
11. A. D. Verhey, "New Testament Ethics," in *New Dictionary of Christian Ethics & Pastoral Theology*, ed. David J. Atkinson (Downers Grove, IL: InterVarsity Press, 1995), 57～58.
12. H. Tristram Engelhardt, Jr., *The Foundatioins of Christian Bioethics* (Lisse, The Netherlands: Swets & Zeitlinger, 2000), 395.
13. 見 Millard J. Erickson, *Christian Theology* (Grand Rapids, MI: Baker Books, 1984), 464.
14. Erickson, *Christian Theology*, 464.
15. Grenz, *The Moral Quest*, 258.
16. 我習慣以「人」表示「男性及女性」。創世記一章26至27節裏，使用的人字包括兩者。
17. Walter Brueggemann, Genesis, *Interpretation: A Biblical Commentary for Teaching and Preaching* (Atlanta: John Knox, 1971), 31.
18. J. I. Packer, *Knowing God* (Downers Grove, IL: InterVarsity Press, 1973) , 100.
19. 有關巴特和賓納對於「神的形象」的相對觀，請參考Erickson, *Christian Theology*, 502f。
20. Scott B. Rae and Paul M. Cox, *Bioethics: A Christian Approach in a Pluralistic Age* (Grand Rapids, MI: Eerdmans, 1999), 131 ～ 132.
21. 雷及考克斯用實質（essence）一詞來捕捉人的「神的形象」的真

實及最終本質，有別於形象的關係性或身分性的定義。見 Rae and Cox, *Bioethics*,132。

22. Francis Brown, S. R. Driver, and C. A. Briggs, *Hebrew and English Lexicon of the Old Testament*, 5th ed. (Oxford: Oxford University Press, 1977).
23. Rae and Cox, *Bioethics*, 133.
24. Erickson, *Christian Theology*, 513.
25. Joseph A. Fitzmyer, "The Letter to Philemon," in *The Jerome Biblical Commentary*, ed. Raymond E. Brown, Joseph A. Fitzmyer, and Roland E. Murphy (Englewood Cliffs, NJ: Prentice Hall, 1968), 333.
26. Jacobus Johannes Müller, *The Epistles of Paul to the Philippians and to Philemon* (Grand Rapids, MI: Eerdmans, 1978), 179.
27. Cain Hope Felder, "The Letter to Philemon," in *The New Interpreter's Bible*, vol. 11 (Nashville: Abingdon Press, 2000), 898.
28. Gerhard Fredrich, ed. Theological Dictionary of the New Testament, vol. 5 (Grand Rapids, MI: Eerdmans, 1967), 776.
29. James D. G. Dunn, *The Epistles to the Colossians and to Philemon*, The New International Greek Testament Commentary (Grand Rapids, MI: Eerdmans, 1996), 326.
30. David E. Garland, *The NIV Application Commentary: Colossians/ Philemon* (Grand Rapids, MI: Zondervan, 1998), 323～324.

5

從醫學角度看靈性

吉姆（Jim）患了末期肺癌。他在本地的一家工廠工作，勞碌了大半生，賺了不少錢，但卻付上了健康為代價，除了癌症之外，還患有嚴重的關節炎和糖尿病。我第一次到他家探訪，當時他已需要坐輪椅了。醫院裏的護士跟我説，他脾氣很大，前幾個星期還幾次對他們破口大駡，雖然自稱是基督徒，卻很怕死。他們希望我能幫助他消除面對死亡的憤怒和憂慮。

我在院牧的工作中，令我很意外的是，發現很多基督徒都沒有準備好面對生命中的悲劇，例如患上重病，甚至絕症，似乎他們的信仰深度不夠，不能在危難的時候給他們提供所需的的力量。專業的醫護人員常常接觸各類的垂危病人，見過各式各樣的處理和應對方法。有人説過：「人活得怎樣，死得就怎樣。」一個像韋恩（John Wayne）那樣堅強面對生命的困境的人，也能以勇氣和忍耐面對死亡或疾病，而一個採用「鴕鳥政策」生活的人對生命終結前的最後幾個星期，可能也是採取不聞不問的態度；有些人可能選擇狂吞藥物，在睡眠中進入死亡，而其他人對死亡則乾脆片字不提；一個生命充滿憤怒的人會帶著憤怒痛苦地離世，而生命充滿歡笑的人則帶著歡笑離世；有些外向的人願意在眾人的陪伴下迎接死亡，而內向的人則只想少數人在臨終的日子來探望他們——人們的確似乎以生活的態度來面對死亡。不過，當一個人是基督徒時，人們往往心照不宣地想，他應該實際上有所不同，應該在平安、安祥、接納中離世，因為我們相信有主耶穌的同在，有天上的居所，人人都以為基督徒有聖靈的力量面對死亡。然而，事實並非如此。我常常聽到註冊護士（往往不是基督徒）談論一些「基督徒」病人如何怕死，或如何對疾病心懷憤怒，甚至加以拒絕，或如何做出與基督徒身分「不相稱」的行為。很多護士由此覺得基督教是自圓其說的宗教，沒有實質的力量或真理。事實上，一些非基督徒病人面對死亡的勇氣比自稱基督徒的人還要大。我只是覺得，這些基督徒病人未能真正在生命中實踐他們的信仰，以至在需要動真刀真槍的時候，他們的信仰不堪一擊。我當然知道這些病人給護士帶來很差的見證，他們往往不細想一下自己的舉動將給別人留下怎樣的印象。

我跟吉姆談得很暢快，我倆都樂在其中。我知道他歡迎我，而我也真的覺得他不錯。在首次探訪中，他跟我講述生平故事，以及基督教信仰對他重大的影響。他在妻子洛伊絲（Lois）的影響下，成為基督徒。他們的三名子女在教會長大，都跟基督徒結了婚，並且積極參與教會活動，連孫輩也在基督教的薰陶下成長，這一切都令他很欣慰。吉姆的木工手藝不錯，幫助建造了新教堂的崇拜中心，也以此自豪，並在同期成為教會的信託人及領袖。他自覺不是個「合羣」的人，所以沒有參加很多查經班或其他的活動。我細心聆聽他的説話，在臨走時為他祈禱，強調我們信仰的中心是主耶穌的同在和神的力量，而非靠自己的力量。吉姆請我再來探望他，我們的牧養關係就由此建立了起來。

我再次探望吉姆的時候，開始問他面對死亡的感受。他很坦白地説，當身體突然衰弱的時候，自己有一種被出賣的感覺，也覺得非常氣憤，有時候便拿護士出氣，現在希望他們能體諒，他有時候控制不了自己，因為面對很大的壓力。他的身體每況愈下，衰弱得很快，在過去短短兩個星期裏，他已經喪失了行走的能力，被迫要坐輪椅。他知道，自己很快便會常常臥牀，不能再做一些自己現在喜歡做的事情。他是位出色的園丁，在住所的周圍種滿了美麗的花卉。在過去幾個星期裏，他常常出去到花園裏轉一轉，碰碰泥土，一邊欣賞花朵，一邊領略神創造的美妙，這讓他感覺到神的看顧和同在。他也擔心那些花朵到時候沒有人照料。他也不願離開神所造的萬物——將要失去這一切的感覺令他心情沉重。

我問吉姆，是否經常祈禱，他承認説：「以前我常常祈禱，但最近覺得神遠離了我，所以你上次來，我們一起祈禱，我覺得很振奮，它讓我重新得力。」我們進一步交談的時候，我試圖了解他個人的靈性資源。他很確定死後有永生，相信有天堂，自己死後將馬上跟「耶穌相聚」。他也相信有天使，因為自己曾親眼見過！我聽了之後很吃驚，著他解釋一下。他説，一週前的一個晚上，上牀入睡後，一個天使來到他牀邊。當時他靜臥在牀上，房間突然「亮了起來」，他看見一個人形在腳前，面目不清，這人形開口說話：「我在保護你，別害怕。」然後伸手觸摸他的腳踝，他馬上確確實實地感覺到一股暖流湧進身體，帶著平安、祥和，並且雙腿覺得很溫暖！他的雙腿在最近幾個星期一直因為血液循環不斷轉差而慢慢僵冷，現在卻暖和起來。很明顯，這次的事件並非由幻覺產生，因為他的身體確實起了變化。我這次的探訪，給臨終的吉姆帶來了力量。

三個星期之後，吉姆離世了。當時護士覺得時間差不多了，於是吉姆的妻子洛伊絲請我去見他最後一面。在不多的時間裏，我們坐在他身邊，並一起祈禱。他費力地呼吸著，然後突然間睜開眼睛，直望天花板，輕聲說：「真美。」說完了之後，便走了。

吉姆的怒氣在他遇見天使後平息了。他的言行都顯示出，自己漸漸接受了疾病和死亡，內心的恐懼和憂慮減少了。護士們都留意到他性格的轉變，並且跟我提及這種改變。他們很好奇，想知道到底是甚麼改變了他。他的家屬目送他離去，也體會到他看見天使的見證，這事強烈地印證神的同在和靈性的真實。很諷刺的是，這位基督徒最初被護理人員視為非常「不像基督徒」。

靈性及靈性上的資源

吉姆的故事說明了，我們光擁有基督徒的身分，未必就自然而然地有勇氣面對生命的挑戰，只有我們內在的「靈性」才能在危機之中為我們提供所需的資源。我認為，我們應該了解**靈性**怎樣實際地作為信仰資源及在我們的生命中實踐出來，使我們可以在需要神的同在和力量時依靠它。吉姆的靈性在他病發初期不能幫助他面對挑戰，以至他沒有準備好接受現實，即生命遠比自己所預期的短暫。他對神發怒，也把憤怒發洩在護理人員身上。他可能有一些抑鬱，也明顯存在著焦慮。也許，很多人面對這種突如其來的可怕現實都有這些自然反應，不過吉姆很明顯在靈性上還沒有準備好。幾個月之後，他建立了穩固有力的靈性，能夠幫助他應付現實。也許，他開始領悟到一些以前沒有內在化的基督教觀念。漸漸地，他的靈性有所成長，使他更堅信天堂的存在、祈禱的功效、天使的幫助、神透過主耶穌對他的愛。他也在園藝中反省到神創造的美好，在當中體驗到屬靈的力量。天使的到來使他更堅信神**確實與他同在**，甚至確實可以在他面對死亡時保護他。吉姆面對步步逼近的死神時，那次小腿被神撫摸而變得溫暖的超凡經歷成為他靈性上的重要資源。

牧者和基督徒領袖需要知道，在醫學倫理和醫學決定中，靈性是一個很重要的因素。不過，靈性一詞如今由不同的人在不同的領域中廣泛地使用，因此有不同的意思。畢德生（Eugene Peterson）在論述**靈性**時寫道：「靈性表示的範圍很廣——可以指人們所述說或想到的有關生命意義的任何事情，包括上帝，以及人對於世界的個人意義及關注。」[1]雖然靈性對於基督徒來說有聖經及歷史上的意義，然而我們**也要**知道在現今的醫療場合中醫學界對於靈性的特定理解，以及專業的醫護人員對於靈性的看法。基督徒領袖可以有穩固的道德基礎，對於生命的神聖性和人內在的尊嚴有強烈的個人負擔，並且有進行倡導的召命，但卻可能對醫護界的靈性觀及其對病人的影響認識不深。因此，我們現在按醫護界的觀點界定靈性的意思，並探討一下個人的靈性如何在護理病人方面發揮作用，以及審視一下機構對於在醫療中心提供心靈關顧所制定的規則——這些全部旨在提升我們的認知，以致可以為需要我們提供靈性支持的人做一個更好的基督徒倡導者。

醫護界的專業人員用認知、經驗及行為上的術語為「靈性」下定義，其中以安南德拉亞（Gowri Anandarijah）及海特（Ellen Hight）作出的描述最有幫助：

> 靈性是人類經驗中複雜而多層面的一部分，由認知、經驗、行為等方面構成。認知或哲學方面包括對生命的意義、目的、真理的尋求，以及對個人生命的信仰及價值的探索；經驗及情緒方面包括盼望、愛、關係、內在的平安、舒適、有所依靠等感覺。這些層面都反映出一個人的內在資源的質素、給予及接納屬靈之愛的能力，以及與自我、社會、自然環境、超自然界（例如比自我強大的力量、一種價值觀、上帝、宇宙的意識）之間的各種關係和連結；行為方面則是一個人對於自己信仰及內在屬靈狀態的外在表達。許多人透過宗教或是與神明的個人關係來建立靈性，而也有人透過與大自然的連結、透過音樂及藝術、透過一套價值觀及原則，或者透過對科學真理的探索建立靈性。[2]

在醫護界，我們可以把靈性看作是關於病人如何應用（或實踐）其宗教。相反地，專業的醫護人員往往把「宗教」視為另一個獨立的實體，不但**包括**了個人的靈性在內，同時也包括道德守則、信條、禮儀、有組織的崇拜儀式、信仰團體或會眾等等。「宗教」一般都自有名稱，例如基督教、猶太教、印度教、伊斯蘭教等等，而「靈性」則與**實踐**有關，因人而異，帶有個人的色彩。

此外，北美護理診斷協會（North American Nursing Diagnosis Association）也提供有助理解靈性的描述。他們承認了靈性在治療過程中所扮演的角色，以及「靈性困擾」事件的存在。靈性困擾在護理界屬於一種診斷類別，定義為「貫穿全人並且整合及超越個人生物及心理社會本質的生命原則遭到擾亂」。[3]該協會就被診斷為「靈性困擾」者（或人因為靈性信仰受到醫療現實挑戰而遭遇的危機），有以下一連串的界定及描述：

> 表達出對生命／死亡及／或信仰系統的意義的關注（嚴重的）；質疑治療制度的道德／倫理意義；述說噩夢／睡眠困擾；述說信仰上的內心掙扎；述說與神明之間的關係的關注；無法參與一般的宗教儀式；尋求靈性的幫助；質問痛苦的意義；質問自身存在的意義；向宗教代表發洩怒氣；向神發怒；反覆的行為／情緒，如憤怒、哭泣、退縮、鑽牛角尖、焦慮、敵意、冷漠等等；憤世嫉俗的冷笑。[4]

根據這種定義，靈性困擾（或靈性）觸及了個人價值、生命的目的、存在的意義與超自然界的關係，以及統合著生命所有活動的個人信仰等等。這就是說，人們有需要知道其生命有個人價值，能給世界帶來影響，而且有人關心他們、愛他們，他們的生命有著某種目的；此外，需要知道他們在疑惑、憤怒、質問、焦慮、恐懼的時候，神接納他們。這種定義的假設是，人整合的靈性能幫助人解答「何為生命意義？」及「為何讓我蒙受痛苦？」等問題。由此可見，診斷協會的這種定義所著重的是病人的**個人**靈性及對於上述問題的個人理解，而非其對任何有組織的宗教的信奉。不過，對於我們來說，這種診斷的類別正反映了個人靈性在現今醫護界的重要性。診斷方面的文獻描述了靈性困擾的原因，說明了靈性對於人整個的治療和健康起著重要的作用。

靈性與健康

靈性與醫療的關係最近成為專業醫護人員最熱門的研究課題。近幾年來，很多論文都論及祈禱對醫治過程的功效，不少持續的研究都嘗試記錄個人靈性對於健康的重要性。來自梅約醫療中心（Mayo Clinic）的研究人員在談及靈性對於今日醫學界的貢獻時寫道：

> 十七世紀後，在西方醫學領域裏，科學把「身體」放在研究的首位，而把「靈魂」降格為為靈性或宗教信仰活動。現在，這種劃分仍然很普及，人們時常把醫藥科學與靈性信仰分為分開或互不相干的兩個範疇。然而，醫藥科學本身並不能解釋人類經驗裏極重要的元素，因為近百分之九十八的住院病人自稱相信上帝或一些神明，

> 並有百分之九十六的病人說在醫治過程中以祈禱來幫助自己。[5]

對於這些研究結果，基督徒視為理所當然，而且不禁反問，為何要等這麼久才有這些發現。事實上，愈來愈多來自基督教及其他信仰背景的醫生留意著靈性對於住院病人的影響。更重要的是，他們不再因為靈性有別於生物或物理科學而馬上忽略或者小看它，而是開始把它視為病人在醫治過程中所經歷的重要部分。

梅約醫療中心的另一組研究人員在二〇〇一年進行了一項詳盡的醫學研究，探討靈性的影響。在靈性對於生命健康的影響這一課題上，他們翻查了已發表的研究論文、研究分析，以及其他臨牀論文等，總結道：「以宗教及靈性元素為變數的約三百五十項身體健康研究及八百五十項精神健康研究都顯示出，宗教上的參與及靈性與較佳的健康狀況有關」。[6]其中很多研究都顯示出，把其他的個人健康習慣列入計算之後，靈性與較佳的健康狀況仍有「直接的關係」。[7]在米勒（Paul Mueller）等人進行的一項大型取樣研究中（研究對像有二萬二千八十位或以下的美國成年人），其他變數如年齡、性別、婚姻狀況、種族、教育程度、健康狀況基線、身體重量指數、健康習慣（運動、吸煙情況）、社交聯繫、收入水平、工作情況等等，都列入計算之內。在各項研究中，在跟進期間，經常參加教會崇拜的病人，其死亡率遠低於不參加崇拜的病人。[8]此外，許多近期研究顯示出，在心血管病、高血壓、抑鬱症、焦慮症、藥物濫用、自殺等案列中，靈性及相關的靈修習慣與更佳的健康狀況有關。[9]「宗教及靈性跟其他促進健康的因素（例如，運動）一樣，可以透過多項有益的中介者的互動來增強對疾病的抵抗力。」[10]難怪醫生開始重視病人個人的靈性狀況了。

一項跟進研究也對如何作醫學決定產生了特有的影響，因為其結果顯示出，個人靈性有助於提升其應付疾病或壓力處境的能力。宗教／靈性活動帶來的正面情緒，例如「盼望、愛、滿足、寬恕等，具有心理效用（例如，焦慮減少）及生理效用（例如，血壓、心跳率及耗氧量降低）」，[11]並且可能使病人更加樂觀、減少敵意、更能接受家庭／病人／醫生之間的關係。換句話說，靈性或有助於提升病人的安舒感，也令家屬為病人作出護理決定時更加安心。他們的應變能力都有所提高。病人的靈性可以「在疾病中……增強應變能力，帶來身分、意義、目的、盼望、信心、超自然力量，並且可以緩和疾病帶來的不安。」[12]這些研究顯示出，靈性對於病人的病情、醫治及整全生命都具有正面的作用，同時對在眾多治療方法中為病人盡力作出選擇和決定的人來說，也帶來更大的平安。不過，另一方面，個人靈性也為人的患病或醫治經歷增添了複雜的因素。有時候，病人的個人信念及靈性負擔能間接導致額外的個人痛楚或其他似乎不良的後果，正如下面實踐靈性的例子。

個人靈性的實踐

約翰（John）是個非常虔誠的基督徒，為浸信會會友，對於信仰很執著，也有強烈的使命感去事奉上帝。他幾個月來一直與長在盆骨和雙腿的骨癌搏鬥，住進我們醫療中心的護理部。我第一次去探望他，未進入護理部，便跟他建立了良好的關係，並在接下來的幾個星期裏，找了他好幾次。有一次，我聽護士說，約翰拒絕吃止痛藥，但是他疼得很厲害，護士想我去勸他，希望他願意服藥止痛。我走進病房的時候，他正坐在牀上，抱著枕頭，身體前後搖晃，嘴裏唸著所記得的經文。從眼角的細紋可以看出他一定疼得要命——他正受病痛折磨。我問他為甚麼不吃藥，他說：「我想經歷耶穌想讓我經歷的一切，即使是痛苦。祂為我死在十字架上，我願意每分每秒都為祂而活。」他又解釋說，自己覺得蒙召去跟耶穌一同受苦，就像「被火試驗」，以至可以帶著純潔的信仰在天堂上與主見面。他摘錄了幾段對自己重要的經文，其中包括：

> 親愛的弟兄啊，有火煉的試驗臨到你們，不要以為奇怪（似乎是遭遇非常的事），倒要歡喜；因為你們是與基督一同受苦，使你們在他榮耀顯現的時候，也可以歡喜快樂。（彼前四12～13）

> 因此，你們是大有喜樂；但如今，在百般的試煉中暫時憂愁，叫你們的信心既被試驗，就比那被火試驗仍然能壞的金子更顯寶貴，可以在耶穌基督顯現的時候得著稱讚、榮耀、尊貴。（彼前一6～7）

> 既是兒女，便是後嗣，就是神的後嗣，和基

督同作後嗣。如果我們和他一同受苦，也必和他一同得榮耀。（羅八17）

我們既多受基督的苦楚，就靠基督多得安慰。（林後一5）

約翰相信上帝將賜他力量跟痛楚爭戰。他很認真地甘心受苦，這是他的基督教信仰及個人靈性中很重要的部分。我們握手祈禱，他求神賜勇氣，能夠作篤信的信徒，做出自己心目中神希望他做的事情。我離開病房後，告訴護士說，他可能不再吃更多止痛藥了。護士聽了之後非常吃驚——他竟然決定忍受痛楚，**並且**是為了**宗教**信仰的緣故！她馬上通知醫生。隨後，有關方面召開了幾次病人醫護會議，會中約翰（有我在他身邊）堅持自己有權忍受痛楚，院方最後也順從了他的意願。對於醫護人員來說，接納病人有權拒絕減輕痛楚，是醫學倫理上的突破，因為他們好像在「傷害」病人，沒有履行傳統上利益行善和不傷害這兩項倫理原則，減輕病痛的職責。我跟他們解釋了他的決定背後的神學觀及個人理念。在這個案例中，病人的個人靈性與護理人員的職責發生衝突，並且實際上令病人承受了更多的痛楚，然而病人的決定是最重要的，他有最終的決定權。最後，約翰在沒有痛楚舒緩措施輔助的情況下離世，雙唇間帶著上帝的喜樂。

雖然我們醫院裏的病人多是同種族的，然而病人住院接受治療時，他們與家屬所帶進來的個人靈修習慣卻很不同，因此產生了靈性上的問題。這個地區不少居民是美國土著，而當信「基督教」的美國土著把基督教信仰跟各種傳統的靈修習慣和家庭價值觀摻雜在一起的時候，病人的靈性顯得別具色彩。有時候，病人會要求在深切治療部的病牀附近放一張「引導靈性」的動物圖片，或者從家裏帶來美麗的私人毯子放在消了毒的病房裏，讓他們覺得被一股醫治力量所包圍。在圖片和毯子旁邊，或會有耶穌像和十字架相伴。這些做法可能會令基督教牧者或牧師覺得不尋常，但這是在多元化的社會裏不同區域文化中普遍存在的問題。不少病人要求播放音樂，醫院就向病人及其家屬提供數部光盤播放機，為重病者營造一個適當並對靈性有幫助的醫治環境。牧者及其他基督徒倡導者都可以放心，醫院的護理人員都願意盡力向人提供所要求的屬靈資源，因為他們的職責包括滿足病人及家屬的靈性需要。院牧也可以是有特別需要的家屬的資源，並且是前來探訪的牧者或長老的重要支援。

有時候，我們的教友或教友家庭會要求我們去醫院探訪（或支持）非會友的病人，我就是在這種情況下遇見病人南希（Nancy）的。在與她的接觸中，我發現，當我尊重一個不認識的人的靈修習慣（但並非要以自己的基督教信仰遷就對方）時，我們之間關於靈性的交談可以使人額外地開放自己，以及帶來互相加深了解的機會。南希到我們的日間手術中心來切除一些軟組織。她是歐裔白人，卻有燒印第安甜草的靈修習慣。印第安甜草是一種在本土生長的香草，可以割下來綑好，在儀式裏使用。由於她堅持要在接受治療之前燒甜草進行靈修儀式，而醫護人員卻不允許，於是負責手術的醫護人員來找我求助。在日間手術中心的同一個等候處，有十至十二名病人在等候，他們之間只有布簾相隔，醫護人員認為燒香草會發出氣味，是侵犯其他病人的私隱及呼吸清新空氣的權利的行為。此外，他們認為這位病人並非美國土著，所以不明白她為何有這樣的要求。無論怎樣，南希有權利在手術之前進行自己的信仰儀式。我覺得自己的參與不但是做南希的倡導者，及可能與她建立友誼，同時也在教育醫護人員，病人權利的重要以及應該敏銳於別人的靈性價值。

我向南希做了自我介紹，隨後問她的靈修習慣。她說，自己重視每天祈禱、潔淨自己的生命，而燒香草對她的個人靈性來說是一項重要的儀式。每天早上，她第一件事就是向造物主獻上感謝，一邊燒甜草一邊祈禱。她只希望能在醫院保持這種日常的習慣，由於對手術有些害怕，所以想在手術之前可以得到心靈的力量。她知道，在手術之前確信造物主掌管生命的大能，會令她覺得安慰和有力。

我走到護理人員面前，為南希提出病人有權維持她的靈修習慣。該部門的經理建議把南希帶進日間手術中心的一間後備室，既可以滿足南希的要求，又可以保護其他病人，因為後備室的門可以關起來。我相信，如果我們這樣做的話，燒甜草的氣味將減到最低，對於其他病人的影響將微乎其微。於是，南希被送往後備室，並獲准進行靈修儀式。我從來沒見過人燒甜草，於是請求在旁觀看，她一口答應了。

她在牀上，從口袋裏拿出一小束短短的甜草，直徑大約有兩吋，長約四吋，一盒火柴，一個用來擺放甜草的小金屬碟。她點著一根火柴，在甜草前端燒了十秒鐘，然後吹熄火柴，甜草就被點燃了，放著煙。在接下來的二十秒裏，她拿著甜草圍繞自己的頭頂，然後圍繞頭髮下的頸項，繼而是軀幹、雙臂、腋下、雙腿，然後再返回頭頂，再圍繞一次，最後放在碟子上，把甜草熄滅。整個儀式安靜而敬虔。然後，她感謝我讓她完成整個祈禱和潔淨的過程，我則感謝她讓我觀看。她說：「現在，我更有勇氣面對手術了。」我因能幫助她完成對她重視的事情而高興。

我離開後備室，告訴醫護人員，南希已經完成了儀式。護理人員面帶難色，說：「燒甜草的煙從後備室裏冒出來，氣味很濃，一位同事不得不走到病房的另一邊，因為她有敏感症，怕引發哮喘。」她的言外之意是，其他病人可能也受到了煙味的影響。她接著說：「以後再也不可以有這種事了。」我聽了之後有些失望，並且難以相信煙味的影響真是**那麼令人難受**。我身在後備室裏，都不覺得少量的煙霧有何大礙。我不禁懷疑，這位醫護人員只是為了證明自己的觀點而表現出不安。在當天，我又跟醫院的風險管理經理談起這件事，他也認為應該維護病人進行靈修儀式的權利。據我所知，當天在後備室附近的病人並沒有投訴說煙味影響了呼吸。這次事件無疑是在手術中心裏首次獲准發生的。南希的例子對那裏的醫護人員來說是難得的學習機會，也顯示出倡導者在醫院可能遇見的阻力，而對前來探訪的牧者來說，院牧是發生矛盾衝突的處境中不錯的資源和支援。

病人權利、道德委員會和靈性倡導

南希的案例是其中一個例子，顯示出在美國醫療機構評鑑聯合委員會（Joint Commission on Accreditation of Healthcare Organization, JCAGO；下稱「評鑑聯會」）的規定下，醫療中心必須尊重病人的靈修習慣。評鑑聯會是醫院及其他醫療機構的國家評鑑組織，對大多數（並非所有）醫院進行評鑑。當然，未獲評鑑的醫院也引用評鑑聯會的許多標準作為工作的一般守則。屬靈領袖需要知道一些保護病人靈性價值觀的規定。根據病人權利及機構道德（Patients' Rights and Organizational Ethics）的指引，評鑑聯會要求醫療機構遵守以下規定：「病人有基本權利享有周全的護理，既能保護他們的個人尊嚴，也能尊重他們文化、心理及靈性上的價值觀。」[13]尊重靈性的價值觀主要在於滿足病人對於信仰儀式、靈性資源，以及屬靈領袖的靈性支持等方面的需要。

評鑑聯會清楚地規定，獲認可的醫院須在病人需要作出決定的情況下，邀請及歡迎病人的專業的心靈關顧者及個人牧者（或屬靈領袖／倡導者）參與輔助，尤其是參與以下三方面的屬靈領袖轉介：（1）處理倫理問題，（2）善終關顧，及（3）器官捐贈事宜。在這些情況下，轉介予心靈關顧者是首要的規定。評鑑聯會實施這些規定的其中一個例子是，它鼓勵心靈倡導者的參與：「醫院政策指引臨牀醫生，在是否終止復蘇服務的問題上，向病人家屬轉介適合的牧者或其他機構屬靈顧問給予意見。」[14]在我服務的醫院裏，普遍的做法是在病人需要牧者或長老協助作出困難的決定時，邀請病人的牧者參加醫生／家屬會議及其他幫助作出決定的會議。評鑑聯會的規定旨在確保全國各地的醫療中心，在病人及家屬面對倫理困境及醫療決定時，邀請及歡迎宗教領袖為其帶來支持和幫助，同時也確保擁有不同價值觀及宗教背景的病人及家屬，所得到的護理與其個人信仰相符合。

假如，像南希那樣的情況裏，醫院或醫護人員擔心其他病人可能受一些靈修儀式影響，或者出現利益衝突的問題，或者產生病人護理與價值觀相衝突的倫理困境，屬靈領袖也可以找醫院的道德委員會幫助。大部分醫院（但非全部）都設立了道德委員會，向醫生、醫護人員、病人及家屬提供意見，同時保障病人及家屬的權利及醫院的權利。根據評鑑聯會的規定，所有住進醫療中心的病人及其家屬都應該**獲知會**道德委員會的存在，以及**如何**聯繫及咨詢該委員會。院牧及社工一般都向病人及家屬引介道德委員會，病人及家屬也可以自行致電醫院向他們查詢。

醫學道德委員會的成員來自醫療護理界的不同專業層面，有醫生、護士、呼吸治療師、營養師、律師、行政人員、社工及院牧／神職人員等等，使委員會的視野更加廣闊，能從多方面的觀點考慮問題，減低其技術性的色彩，讓任何羣體都可以從不同的角度給予客觀的評估。一般來説，道德委員會是醫療中心裏觸覺最敏鋭、最富惻隱之心的一羣人，不但能夠細心聆聽、尊重別人、接納多方面不同的觀點，而且對有關病人護理及機構政策的問題有很高的意識。道德委員會採取開放、不威逼、包容的態度，尊重多元化的意見，力求確保病人及家屬對醫院有正面的觀感。我建議屬靈領袖每當在病人護理方面的衝突可能發生時，尋求道德委員會的幫助。

總括而言，我們上文探討了醫學界對靈性的定義。

醫學界認為，靈性是可以實踐的、因人而異的，他們注重的是人**怎樣**實踐其個人信仰或宗教負擔。專業護理人員把這種個人靈性看作是病人護理的重要部分，而每位病人實踐個人靈性的權利乃由病人權利文件及評鑑聯會保護。這些權利一般在各地的醫療中心都受保護。病人及家屬的價值觀、信仰及傳統都被視為病人全人健康的重要元素。

此外，牧者裝備自己成為病人倡導者之前，必須了解醫學界對於個人靈性的定義。每個牧者都需要反省自己的靈性，並且能夠解釋它為甚麼對於自己與神之間的關係非常重要。靈性與我們的引導性價值系統、創傷經歷、神學觀及聖經觀互相結合，形成四重的「個人倡導履歷表」，我們需要加以認識，以致可以幫助面對倫理困境的人。在病人護理中，存在著很多新奇及不平常的情況，尤其是很多因素都變幻無常，不過，牧者、長老及其他宗教領袖可以預先思想一些病人及家屬在若干常見的情況下可能遇到的倫理問題，我們接下來就是要在這方面作出探討。

註釋：

1. Eugene H. Peterson, *Christ Plays in Ten Thousand Places* (Grand Rapids, MI: Eerdmans, 2005), 26.
2. Gowri Anandarajah and Ellen Hight, "Spirituality and Medical Practice: Using the HOPE Questions as a Practical Tool for Spiritual Assessment," *American Family Physician* 63, no. 1 (January 2001): 83.
3. North American Nursing Diagnosis Association, *Nursing Diagnoses:*

Definitions & Classification, 1999 -2000 (Philadelphia, PA: NANDA, 1999), 67.

4. North American Nursing Diagnosis Association, *Nursing Diagnoses*, 67.
5. Jennifer M. Aviles, Sr. Ellen Whenlan, Debra A. Hernke, Brent A. Williams, Kathleen E. Kenny, W. Michael O'Fallon, and Stephen L. Kopecky, "Intercessory Prayer and Cardiovascular Disease Progression in a Coronary Care Unit Population: A Randomized Controlled Trial," *Mayo Clinic Proceedings* 76 (2001): 1192.
6. Paul S. Mueller, David J. Plevak, and Teresa A. Rummans, "Religious Involvement, Spirituality, and Medicine: Implications for Clinical Practice," *Mayo Clinic Proceedings* 76 (2001): 1226.
7. H. G. Koenig, E. Idler, S. Kasl, et. al., "Religion, Spirituality, and Medicine: A Rebuttal to Skeptics," *International Journal of Psychology and Medicine* 29 (1999): 123 ～ 131.
8. Mueller, "Religious Involvement, Spirituality, and Medicine," 1226～1227.
9. Mueller, "Religious Involvement, Spirituality, and Medicine," 1227～1228.
10. Mueller, "Religious Involvement, Spirituality, and Medicine," 1229.
11. Mueller, "Religious Involvement, Spirituality, and Medicine," 1229.
12. Mueller, "Religious Involvement, Spirituality, and Medicine," 1231.
13. Patient's Rights and Organizational Ethics RI. 1 *Overview, Comprehensive Accreditation Manual for Hospitals* (Chicago, IL: JCAHO, 2000).
14. Patient's Rights and Organizational Ethics, RI. 1.2.3.

6
常見的倫理困境

在大多數情況下，地方醫院的病人及家屬面對著的倫理問題並不是舉世注目的人類課題，例如，基因測試、實驗程序、胚胎研究或複製人等等。雖然各地的基督徒都應該對最新的醫療科技所帶來的挑戰有所認識，並能夠根據神的啟示和個人判斷作出深思熟慮的結論，然而當我們在社區內的醫療中心遇見需要關顧的朋友及病人家屬時，這些課題並不是最切身的。我們遇上的倫理問題往往涉及到臨終的抉擇、治療方法的選擇、維生措施的撤除、器官捐贈、真相的披露、知情同意、病人的權利等等。在面對倫理困境之前，我們作為基督徒倡導者先要學習的是，在倫理困境於醫護場合浮現的時候，把它**辨認**出來，這已經是克服困境的第一步。

面對這些倫理困境的人不僅僅是牧者而已，專業醫護人員也要在困境出現的時候把它們辨認出來，並且要嘗試把「有些不對勁」的感覺確切地表達出來。醫學倫理研究員庫克（Ann Cook）、霍斯（Helena Hoas）、喬伊納（Jane Clare Joyner）舉了一個鄉郊醫院的護士的經歷為例子：

> 一位護士憶述道，她在參與幫助一名臨終病人進行令他極為痛苦的療程時，遇上嚴峻的困境。儘管該病人極力反對，但醫生仍然堅持進行治療。這位護士解釋說：「第二天，我回來上班。前一天晚上，我徹夜難眠，我們同事之間互通電話。我向護士長述說這個情況，但卻沒有下文——沒人理會這個問題。我們當晚參與治療工作的職員沒有得到任何解說。」這個經歷對於這位護士來說是個轉捩點，使她開始醒覺，自己所面對的問題背後，原來隱藏著倫理困境。[1]

這位護士因垂危病人受到痛苦的治療而產生強烈的情緒波動。從專業的角度來看，醫生可能並沒有失誤，但很明顯的是，這位護士目睹病人承受了不必要的痛楚，內心非常不安。庫克及霍斯設計了一種「倫理困擾量度尺」，來幫助參與病人治療的護理人員分析他們在倫理困境裏的壓力指數，認清自己的感覺。該量度尺共分十點，最低點指「沒有困擾」，最高點指「最大的、無法忍受的困擾」。這種量度尺的設計前提是，我們需要學習在關注病人面對**某種**處境或**可能**面對某種處境時，先細聽自己的直覺感受。

宗教領袖也必須學習在病人面對抉擇時，細聽自己的直覺感受。如果某件事令你覺得不安妥、受困擾，或者是錯誤的，你需要辨清自己的感覺，並盡量用言語表達出來，以便釐清內心的倫理困擾的源頭。如果你能夠列出一些適用的**原則**（行善、生命的神聖性、知情同意等），或者自己的**引導性價值系統**中可用於該處境重要的個人價值原則，則你的自我認知已達到一定的水平，使你能成為一位既理性又感性的倡導者。

有一天，我們醫院的深切治療部出現了一個棘手的倫理困境。一位五十歲的男患者因難忍末期骨癌的持續劇痛而在家裏剖腹自殺，因為骨癌的痛楚已無藥可醫。當時在場的，有患者的一位朋友，他馬上致電輔助醫療人員，輔助醫療人員把患者送進醫院的急症室。雖然患者需要馬上接受積極性醫療護理，以挽回性命，但患者本人（當時仍然清醒、有理智）及其後到場的妻子都不願意接受任何治療，只接受減痛措施。醫生瀏覽他的病歷表，得知腫瘤科醫生無法舒緩他的痛症，並且估計他的生命只剩下數星期。

最後，在患者妻子的要求下，護理人員給了患者足夠的止痛藥，使他安睡。他們向她保證，他已止了痛。一如所料，一個小時之後，他死於失血過多。當時有一位與患者相熟的牧師應患者妻子的要求來到醫院，目睹了整個過程。患者死去的時候，牧師非常不安，因為患者沒有住院，也沒有接受治療。他當時也說不清楚自己為何覺得不安。如果你當時在場的話，會有甚麼感受？在這種情況下，最困擾你的是甚麼？在法律上，患者的妻子在他喪失表達能力後，便成為決策人，急症室的醫生須聽從她的指示來對患者進行治療護理。她深深感受到丈夫長期受煎熬的痛苦，也知道醫生對他的痛楚束手無策，所以可能對他有極深的憐愛之情。對她來說，讓丈夫離世是一個很難下的決定，但是她說自己深愛丈夫，不能再忍心看著丈夫承受新傷舊患帶來的痛楚。她知道丈夫自己也想從痛苦之中解脫出來。他最後去世的時候，她的心情平靜下來，因為知道丈夫如願已償。後來，牧師能夠說出為何對患者如此離世而感到不安。患者是剖腹自殺，這種自殺企圖令他覺得患者應該接受治療。根據他的神學觀，患者能否得到永生受他的自殺行為影響，只是為了這個原因，他希望患者可以在自殺以後仍然活下來。他認為，患者如果能忍痛多活幾個星期才離世，就更妥當一些。牧師的想法所依據的是屬靈上的信仰。另一方面，急症室的護理人員在談論中表示，他們希望患者從來沒被送來醫院！如果患者的那位好心的朋友在他家中靜待他離世，他們就不用在「行善」或「傷害」的困境中費煞思量了。他們對於患者無法止痛而感到傷感。他的死固然是難免的，問題的惟一關鍵在於**怎樣死**及有**多快**。這就是現代醫學場合中出現的困境。

義務論與後果論

在了解人如何面對倫理困境及尋找出路方面，我覺得葛倫斯提出的兩種觀點很值得參考。這兩種觀點分別為義務論（deontology）及後果論（consequentialism），兩者往往互相對立。義務論的立足點是考慮行為本身是對還是錯。希臘文的 *deon* 是指「何為適當」，著重人有絕對職責去做根據自然界規則或準則屬於對的事情。例如，「神之誡命」的篤信者相信，神已經向人啟示了絕對的準則，任何「對」的行為都受存在的倫理律例支配，人只有遵守律例才能稱為「善」。[2]在這種義務論下，康德（Immanuel Kent，1724～1804年）提出了一種道德原則，稱為「定然律令」（“categorical imperative”），是指如果支配某一行為的律例不能成為所有人須遵守的規則，則這種行為屬於不道德。康德認為，人類有獨特的能力遵行規則、律例及原則，無論是否涉及利益，也不管後果如何。[3]義務論的支持者認為，在決定某種行為是否合乎道德時，行為的後果不是考慮因素，也不應該加以考慮。

另一方面，根據葛倫斯，後果論者著重行為引致的後果。在這種論說下，某種行為的最終目的或後果是影響一個決定的要素。作出決定的人希望有關的行為最終為有關的人能帶來正面的後果，或至少能帶來最大的益處、得到最稱心如意的後果。葛倫斯把這種論點總括為：「我們的職責是使有關的行為帶來最大的益處、最少的害處——以致於平衡利害之後，最終所得的益處是最多的。」[4]

這種兩分法雖然無疑是簡單的，但在人們於倫理困境中各執一詞、難以協調的情況下，不失其功用，因為能使第三者在這種理論基礎上辨清雙方互相對立的觀點。在很多情況下，進行道德辯論的兩方往往已先選定立場，採用其中一個基礎角度，以至互不相容，因而產生溝通的問題。各方都認為對方的論點難以立足，甚至質疑對方進行理智思考的能力，而相反地，認為自己的論點似乎理據充分。然而，實際上，只不過是義務論與後果論兩種觀點之間的差距造成了他們論點的兩極化，阻礙了雙方的溝通。

以下的墮胎困境可以說明這種兩極化的爭論。[5]試想想，一位年輕孕婦照了超聲波後得知，腹中的胎兒患有先天性無腦症。無腦症是指大腦裏只有腦幹，沒有其他任何腦細胞，也就是説，胎兒沒有整個頭頂，這是一個「無法生存」的情況。在義務論下，建議者堅信墮胎有違通用的道德法則，因此鼓勵該母親保住胎兒，把孩子生下來，因為「生命無價，墮胎破壞生命的神聖性」；而在後果論下，建議者則建議把胎兒打掉：「孩子如果生下來，只能受苦。反正孩子也不會活下來，而你將要承受不需要的創傷和經濟負擔。」我遇見過類似的真人真事——身為基督徒的母親不願意看見自己的孩子受苦。她不相信神想要她的孩子生下來就受苦，並且馬上面對死亡。因此，她最後選擇墮胎。在這種情況下，當事人無論採納義務論還是後果論，都令人覺得是可以理解的。尤其諷刺的是，該母親認為，她作為基督徒的責任是減低自己孩子的痛苦，即使需要結束孩子的生命。你如果需要作出類似的抉擇，或者需要為所關顧的人提供牧養支援，則在溝通及教育方面要做的最重要的工作將是：讓困境中的所有人看清楚各方所採取的理論立場，即義務論或者後果論，並幫助他們打破理論差異造成的重大溝通隔閡。

對這兩種理論有所認識是重要的，因為兩位同樣出於好意的委身基督徒可能持互相對立的觀點，而兩者都不偏離真正的聖經教導。在很多的倫理困境中，存在著很多灰色地帶，不是非黑即白的。觀點相對立的基督徒需要能夠認識對方的立場，真誠對話、尋求理解，並且在未能達成共識的情況下，至少尊重對方的立場及決定。更重要的是，牧者／倡導者如果反對另一位觀點對立的基督徒的意見，並且把這種反對的態度表達出來，倡導工作可能會帶來反效果，使關顧對像覺得被指責，而非得到支持，甚至使牧養關係遭到破壞。在這種微妙的情況下，我們最好持謙卑的態度，效法保羅在腓利門書中展示的榜樣，憐憫及尊重對方，而非仗著「使徒的權威」把自己的看法強加於對方身上。

不提供或撤除維生措施

屬靈領袖十分常見的一些倫理困境，就是關於應否不提供或撤除維生措施。維生措施包括各種醫療儀器及藥物的使用，旨在於一段時間內維持生命。維生儀器中最重要的一種是呼吸器。呼吸器在上世紀七十年代開始普及，為醫護界打開了新的一頁。自此之後，病人身上插入膠氣喉，接通呼吸器，就可以協助病人呼吸，維持其身體器官的運作。輔助醫療人員都接受過訓練，學習使用藥物和插喉法（即徒手使用呼吸氣囊救人）來急救，因此救活了許多生命，並且能把心臟或呼吸停頓的病人順利送進醫院治療，因為呼吸器能在進行診斷或搶救的過程中穩定病人的情況。另外，前線的急救人員也經常使用心肺復蘇法。如果有人心臟病發，心跳停頓，並失去知覺的話，急救人員通常的做法是電擊心臟，使其恢復跳動，同時把膠氣管插入肺部以保護氣管，然後趕快把患者送進醫院，在那裏為患者接駁呼吸器。無論患者真的已經死亡還是有存活的機會，他們都是用這套方法！

我見過護理人員用這種方法把死去數分鐘的人救活。即使患者已立下生前遺囑，醫護人員仍依循這套程序。很多患者在被送進醫院後數分鐘內死亡，因為心臟不能再維持有節奏的跳動。這時，維生儀器才被撤除，患者被宣佈死亡。如果家屬已經抵達醫院，等候醫護人員進一步的搶救，則他們必須決定醫護人員應該進行多深入的搶救。如果患者仍有氣息，但生存機會等於零，則醫護人員可以**不提供**進一步的治療（呼吸器被截斷），轉而進行減痛措施，直到患者死亡。如果急症室的醫生認為患者有機會生存下來，則醫護人員將採取所需的維生措施。在這種情況下，如果患者的情況惡化，家屬可能需要決定是否撤除維生儀器，如果決定**撤除**的話，呼吸器將被截斷，取而代之的護理步驟是減痛措施，直到死亡來臨。無論患者生存與否，家屬都永不會忘記作出決定的困難時刻，因為他們必須告訴醫生，是否撤除維生措施。

路易絲（Louise）在丈夫喬（Joe）心跳停頓的情況下，面對的就是這種困境。喬看心臟專科醫生已有幾個月，自知心臟正在退化，並且已就此事多次與妻子在家裏坐在柴爐邊促膝長談，表達自己的感受，談論在心臟病發的時候應該如何做。他一再強調，不會接受任何「新式手術」或其他的「實驗性療法」，因為這些方法有違自然，並且只是把死亡拖延一段日子而已。他是性格剛毅的退伍海軍，自詡對生死看得很輕，對生命的終結處之泰然。並且，他跟很多朋友一樣，不信任專業醫護人員，認為他們只顧榨取中產人士的金錢。路易絲深愛丈夫，敬佩他的勇氣，但也知道當考驗真的來臨時，自己很難達成丈夫的願望。不幸的是，這個考驗的時刻比她預期中提早來臨了。

一天早上，喬出去啟動汽車，過了幾分鐘還沒回家。路易絲出去查看，發現喬倒在車道上。他仍能呼吸，但已不能說話。路易絲馬上報警。十分鐘之後，救護直升機抵達，停在他們郊區寓所前的草坪上，然後把喬送進醫院。急症室的醫生瀏覽了喬的病歷，得知他患有嚴重的心臟病，心動脈九成閉塞。喬到達醫院的時候，已經心律不正了，並且在最初十五分鐘內，心跳停頓了兩次，每次都被電擊恢復心跳。路易絲到達醫院的時候，得知他剛被心肺復蘇法救活，並且餵了藥穩定心率，也接駁了呼吸器。她回想起與丈夫的長談，於是告訴急症室的醫生說，丈夫不願接受任何維生治療。她流著淚說：「我不願讓丈夫離開。」另一方面，她也不願讓丈夫在呼吸器的輔助下醒來。醫生同時也通知了喬的心臟專科醫生，他很快來到醫院，為喬作出評估。數分鐘之後，心臟醫生告訴路易絲說，喬需要植入心臟除顫器，以免因心律不正而停止心跳。他還提議馬上進行心血管擴闊手術及動脈支架置入，儘管一早知道喬已經拒絕了這項選擇。路易絲不願授權進行這些治療，因為知道丈夫如果清醒並有反應的話，一定會拒絕心臟除顫器。心臟醫生跟路易絲談了半個小時，試圖說服她改變主意，並且不斷講述有關治療的好處。他竭力勸說她，丈夫不用死。她一邊聽一邊哭。痛苦的掙扎過後，路易絲作出讓步，決定讓丈夫短期內使用呼吸器。喬被轉送到深切治療部。

後來，喬在第二天被撤除呼吸器（此舉對他身體的復元來說有些過早，但路易絲堅持這麼做），然後轉送到另一間在同一層的病房。他的病情並沒有好轉，心臟日漸退化，他大部分時間在睡覺。在被送進醫院十天後，他病逝了。路易絲每天來陪伴他，在他撒手塵寰的時候，傷心欲絕。不過，她能確保他的護理要求得到落實，這令她感到安慰。

喬被送抵醫院的時候，路易絲作了幾個決定，足以影響他的治療。在倫理的層面上，她按照病人自主的原則作了決定。她和丈夫有權指示醫護人員給予某種護理，即使這種指示不是最有利丈夫的健康。例如，在他的要求下，醫護人員不提供一些維生治療，雖然這些治療無疑能救他一命（心血管擴闊手術及動脈支架置入可以減少血管閉塞）。心臟專科醫生明顯地在盡一己之力試圖挽救喬的性命，但卻受到路易絲的阻攔。對於他來說，救喬的命才符合他的職業操守，然而路易絲卻想堅守丈夫的意願，於是兩者產生衝突。此外，在路易絲的要求下，醫護人員沒有植入心臟除顫器，錯過了另一次可能拯救喬的機會。最後，路易絲決定在第二天撤除深切治療部的維生儀器，包括呼吸器，但沒人能確保喬會馬上死去。結果，喬的身體繼續轉差。喬的例子是在現今醫療制度下病人及家屬須作出困難決定的一個縮影，也顯示出，應否不提供或撤除醫療支援的決定，是心臟或呼吸系統疾病患者及家屬需要經常面對的兩難。事實上，並非所有人都同意喬及路易絲所作的決定，可能許多人用盡辦法挽救患者的性命，就是這種微妙而複雜的關係使患者、家屬及醫護人員之間難以達成共識。

器官捐贈

現有的醫療護理／醫療輔助計劃是醫院資助的主要來源，而該等計劃往往對參與的醫院有這樣的規定：當病人死亡時，院方給予至親家屬機會就會否進行身體器官／身體組織捐贈作出決定。事實上，美國有超過七萬人正等待著移植器官來救命，因此對器官的需求很大。然而，在悲劇發生時，涉及許多個人問題的器官捐贈給我們帶來難以言述的新衝擊，往往使我們難以作出決定。器官捐贈伴隨的是死亡和哀傷，牽動著很多人的情緒，每個有關連的人，包括醫護人員，都覺得身處兩難之中，難以抉擇。

一天早上，一位身體大致健康的五十四歲女士因心律不正被送進醫院。到了下午，她覺得頭疼，於是服了止痛藥，然後小睡片刻。一個多小時後，她還沒有醒來，一名護士試圖叫醒她，但卻不果。醫護人員馬上進行檢查，發現她大腦裏有一個動脈瘤爆裂了。該名護士和每位護理人員都很震驚，也被這突如其來的情形嚇壞了。晚上九點，神經科醫生跟病人家屬召開緊急會議，讓病人的三名成年女兒知道，母親已經大腦死亡，現在在深切治療部靠維生儀器生存。頭蓋內出血使她大腦腫脹。病人本來是因心律不正而入院，但意想不到的是，在短短的六小時內，情況發生突變。女兒們措手不及，流下淚來，不斷地問：怎麼能發生這種事。雖然院方已進行一切可行的治療來拯救病人，但其中一位女兒認為，母親剛入院時本來情況並不嚴重，住院後卻病情急轉直下，因此她很憤怒，責怪院方及醫護人員。院方仍然需要與家屬商討器官捐贈的事宜，因此通知了一位心靈關顧者來陪伴家屬。現在，假如**你**就是這位關顧者，在你給予三位傷心的女兒支持的時候，哪些因素將影響你處理有關器官捐贈的事宜？家屬對於母親的去世有何看法？怒氣對於器官捐贈的決定將有甚麼影響呢？

你作為三位女兒的心靈關顧者，也許第一個要處理的問題是，母親身體健康，卻出乎意料地突然去世。她們開始意識到母親的生命已經完結時，無疑會深深地懷念她，她們的自然反應是盡量為她在僅餘的生命裏留下平安的時刻，不讓她再遭受任何痛楚。她們如果認為器官移植手術會令捐贈者遭受損傷及痛楚，則很可能作出不捐器官的決定。你作為她們的支持者及倡導者，需要聆聽她們的心聲，等待她們慢慢消化這個噩耗。你如果在此時想要勸服她們作出器官捐贈的決定，將是不當之舉，尤其在她們很想保護母親身體的情況下。

第二個問題涉及到大腦死亡的概念。如果一個人仍在呼吸，看樣子仍然活著，即使身體插著喉管、接駁了醫療儀器，想要說服親屬她已經死亡是件很困難的事，因為這似乎是不可思議的。我們仍然希望這個人將會好轉，尤其在像上述案例的情況下，病人的病情轉變得太突然，死亡來得太快。家屬需要至少一天的時間才能意識到已經失去了摯愛，開始接受她已經死亡的現實。適應是一個過程，家屬需要引導來理解如此突然的事情。教牧需要做的是確保家屬對大腦死亡及其對病人的影響有所認識。醫護人員（護士或最好是院牧）一般都有這些資料。令人深思的是，各類的調查都顯示出，近七成的神職人員都不同意大腦死亡是真正的死亡。我認為，這是因為在宗教上，靈魂在心臟仍然跳動時已離開身體這一理觀念難以接受。在很多文化裏，人們都有宗教儀式，把屍體擱置數天，因為他們相信靈魂需要時間離開身體。因此，你需要提高自我意識，在做病人的倡導者之前，明瞭你自己就靈魂與身體的關係一事所持的神學觀念。

我在試圖理解大腦死亡時，跟自己說，大腦的損壞已經到了無法彌補的地步，人就不可能生存。大腦喪失了功能，醫護人員也無法進行大腦移植，因此受傷的患者已經沒有希望康復了。此外，大腦死亡的診斷意味著，患者無法進行思考，也沒有疼痛和其他感覺。因此，死亡確實已經發生，無論心臟是否仍然跳動。我相信，在創傷到了頂點的時候，靈魂馬上離開，升往天堂去了，因為耶穌在十字架上對其中一個同釘的犯人說：「今日你要同我在樂園裏了。」（路二十三43）然而，其他人有不同的觀點，而**你**在此情況下做家屬的倡導者的時候，你的個人觀點將起著重要的作用。

在幫助家屬決定是否捐贈器官這件事上，第三項需要考慮的因素是其中一位女兒的憤怒。如果她的怒氣是指向院方及護理人員的話，她可能會覺得捐贈器官是使醫院獲益（或至少是使醫院得償所願），因此心裏或許產生抗拒，不願意讓醫院「得逞」。雖然醫院在器官捐贈中並無獲得機構或財政上的收益，我的確見過心存怒氣的家屬透過拒絕捐贈器官來向醫院「報復」。如果你作為牧者，認為在這種情況下，最重要的合乎倫理的事情是，勸說家屬透過捐贈器官來拯救生命，而你又同時是家屬的倡導者，你可以與院牧或護士合作，召開包括家屬、那位女兒、參與搶救的醫護人員在內的家庭會議，慢慢消除女兒的怒氣。很多醫護人員都為病人的病情急轉直下而感到特別困擾，而召開家庭會議可以為醫院和家屬架起橋樑，幫助雙方分享資訊，促進溝通。在上述案例中，病人的護理人員對家屬深感同情，也因病人的突然離世而哀痛。如果倡導者能向家屬轉達這種心意，將有助於消除女兒的怨氣。

最後一項有關器官捐贈的倫理問題，是教育水平較高的家屬意識到的，就是一些器官中介機構的謀利行為，或者是買賣器官的舉動。無疑，某些卑鄙的中介機構操控器官捐贈，使喪親的、貧窮的、不知情的人從中受到剝削。但是，一般來説，參與器官捐贈仍然可以拯救很多性命（有時一位捐贈者能拯救幾條性命），帶來的益處超出過程中產生的令人不悦的害處。器官捐贈涉及的層面很廣，在病人去世的情況下，給家屬帶來很多的倫理問題。

知情同意及告知真相

在我們的印象中，知情同意有時只限於手術前需要簽署的一份文件。我們通常從這份文件上看到的是，手術過程可能引起的各種令人害怕的狀況，包括在最壞的情況下，手術可能導致死亡。實際上，同意書的目的是邀請病人及家屬參與計劃有關個人治療及護理的方向。病人有權知悉醫生作出的診斷及將進行的治療，並且獲得足夠的資料，以便了解治療過程才作出決定。哪些資料是重要資料呢？一般來説，醫生或其他專業醫護人員共同掌握的資料包括：其他可行的相關療法、目前採用療法的好處及風險、作出有關決定的原因，以及將予採用的療法的任何未知之數或固有風險。[6]如果病人不願意或者沒有能力提出問題，或者醫生在解釋療法時太倉促或偏執，就會產生倫理問題。有時候，告知真相的問題會衍生出來。事實上，醫學界開始以來就一直有這種問題的存在。例如：

> 在希波克拉底的著作《醫規》（*Decorum*）中，作者提醒醫生隱瞞大部分病情，並且常常要裝出愉快及若無其事的樣子，使病人不會過分擔心。從整個中世紀一直到十九世紀初期，醫生的形象一直是權威的醫治者，很少關心告知真相的問題……醫護人員很可能選擇隱瞞、欺騙病人，因為擔心臨牀真相將困擾病人，並且影響整體病情。他們的擔心是多方面的：病人會誤解或誇大病情；病人將不必要地為解決不了的事而擔心；或者，披露病情將導致心理困擾、抑鬱，甚至自殺。[7]

你作為病人的心靈倡導者，需要詢問醫護人員，幫助正在為摯愛的病人各個方面操心的家屬**了解真相**。不過，由於醫護人員需要護理的病人數目日漸龐大，因此承受著極大的壓力，可能他們有時避免花時間向每一位病人的家屬詳盡解釋治療的細節。你需要堅持為家屬爭取權益，主動地接觸醫護人員，請他們解釋療程細節及醫學術語的意思。

醫生一般不會直接欺騙病人，除非家屬有此要求，威脅不這樣做便提出起訴。醫生一般的做法是不透露或選擇性地透露或隱瞞某些真相。有時候，醫生隱瞞真相的方法是，對問題不作回應，例如，慣用的推搪：「噢，我沒聽見你說的。」隱瞞真相的另一種常見方法是，使用醫學術語，例如，把「癌症」稱為「腫瘤」並不是欺騙，但對於希望病情不太嚴重的病人來説，這種方法不是整個真相的全部。作為感覺敏鋭的倡導者，你需要對以下各項尤其警覺：**病人的特徵**為：教育程度低、頭腦不靈活、令人厭煩、處於弱勢、或作出有損健康的行為；**病情的真相**為：可能令人困擾、被診斷或預測為病情嚴重、或其他家屬已經知悉病情；**潛在的後果**為：引起強烈的情緒反應、可能影響或改變已作出的決定、對別人產生影響，等等。[8]

病人家屬一般都想向摯愛的家人隱瞞預料之外的病情或絕症的診斷。他們隱瞞真相的原因往往是：「她會失控」；「他必須先醫治好身體，將來的事我們以後再説」；「她是來治抑鬱症的，我們不希望她的精神變差」；「他會很憤怒，會恨我們，我們還是等他出了院再説吧」……其他種種的藉口不一而足。心靈倡導者所面對的尤其困難的情況是，病人正步近死亡，而家屬不願意讓病人知道真相。有時候，做丈夫或妻子的直接來要求我，**不要**讓配偶知道自己危在旦夕。如果你是我，你會怎麼做？你將怎樣處理這種情況？我一直都認為，告訴病人其屬世的生命即將終結，是非常重要的，因此，我進行倡導時，一般都善用機會向病人透露真相。在這樣的時機下進行祈禱具有很深遠的目的和意義。

醫學倫理這一課題涉及的問題及困境不勝枚舉。我們在本章只討論了其中一小部分你可能遇上的問題。在這個基礎上，我們現在開始分析怎樣作出一個決定。怎樣在作出決定的過程中運用倫理原則呢？哪些因素有助制定現代模式，藉以作出合乎倫理的決定呢？

註釋：

1. Ann F. Cook, Helena Hoas, and Jane Clare Joyner, "Ethics and the Rural Nurse: A Research Study of Problems, Values, and Needs," *Journal of Nursing Law* 7, no. 1 (2000), 44.
2. Jacques P. Thiroux, *Ethics: Theory and Practice*, 7th ed. (Upper Saddle River, NJ: Prentice Hall, 2001), 56.
3. Thiroux, *Ethics,* 60f。
4. Stanley J. Grenz, *The Moral Quest* (Downers Grove, IL: InterVarsity Press, 1997), 29.
5. 感謝 Stanley Grenz 使我在這個問題上面提高意識。見Grenz, *The Moral Quest*。
6. Jeremy Sugarman, *Ethics in Primary Care* (New York: McGraw-Hill, Health Professions Division, 2000), 250.
7. Sugarman, *Ethics in Primary Care*, 133～134.
8. Sugarman, *Ethics in Primary Care*, 140.

7

倫理困境的決策模式

有時候，一個人對於作出決策的**過程**的自我反省，跟他所作出的**最後**決定幾乎同樣重要，尤其是在面對倫理困境時，沒有明確的聖經指引可以依循的情況下。當然，很多倫理問題都可以在聖經中找出確切的解決方法和清晰的指引。不過，就像我們在前文所提及的，對於有一些決定，例如應否撤除維生措施、捐贈器官，或者不提供急救治療等，病人家屬作決定時所根據的引導性價值系統十分不同，即使大家可能都是虔誠的基督徒。我們在親屬病人面臨影響其生命的醫療決定，需為他們作出合他們心意的決定時，我們的思想還受到其他各種因素影響。因此，基督徒領袖在裝備自己成為有效的倡導者，以便在各種個案中作出決定時，能夠有一個倫理決策模式作為指引是非常有幫助及重要的。當然，我們在此提議的這個模式並不保證能幫助你找到**正確的**答案，在這些艱難的困境中，不可能存在一個萬試萬靈的模式。正確的答案是指能在困境中回應各方面訴求的解決方法。雖然本書提出的模式符合聖經的原則，不過來自很多不同的信仰背景及宗派的人，甚至是非基督徒，都可以運用這個模式。

另外，這個模式是屬於**輔助性的**，而非權威性的。就像在保羅寫的腓利門書信中所述的情況一樣，我們在處理敏感的問題時，應以憐憫、尊重和接受的態度與受助者並肩同行，而非嘗試極力強迫別人接受某種特定的想法，這樣才能事半功倍。我們做為基督徒倡導者，必須聆聽、查證、詢問、祈禱，讓聖靈在當中工作，使面對危機的受助者根據已知的資料作出最適當的決定。一個人處於需要作出決定的境況中，是生命中最無奈、最難受的時候，而你分擔、支持和倡導可以把痛苦化為祝福。

以下的決策模式是根據「健康與人類價值學會暨生命倫理會工作小組的生命倫理咨詢準則」（Society for Health and Human Values–Society for Bioethics Consultation Task Force on Standards for Bioethics Consultation）列出的指引制訂，只在術語上作出了一些改動。[1]這個模式完全以醫療為本，故此你醫院裏的醫生也明白它。在一個必須作出決定的困難處境裏，你作為牧者，可以找院牧或社會服務人員從旁協助。在處理倫理困境時，你需要採取以下的步驟：

1. 搜集相關資料（例如，醫療資料、有關的事實、醫生及家屬關注的事項。此外，也要知道怎樣表述要處理的問題。）

2. 釐清個案中的個人價值觀及個人倫理立

場（了解引導性價值系統、家族傳統、個人意願、病人的自主權、信仰的價值、護理準則，以及各因素之間互相衝突的原因。）

3. 釐清有關的規範問題及道德原則（例如，利益行善、不傷害、尊重自主權、公平公義、知情同意、屬靈的價值觀、聖經的原則、其他倫理原則、法律問題、機構政策等等。這些規範來自家庭、醫生、護理人員及其他個案裏的人士。）

4. 幫助找出在病人力所能及的範圍內，可供選擇並合乎倫理的方法（想出各項可能的選擇，並按其能否符合上述價值觀來排序。）

5. 評估所作出的決定（衡量利弊、後果等；如果倫理困境並未解決，重新實行上述步驟。）結果合乎期望嗎？

事實上，作出倫理的決定只是搜集資料、讓有關的人士講述其最關注的事項、整合他們認為可以應用的重要原則，然後作出決定的一個過程。然而，最令人頭疼的是，在很多情況下，醫療決定一經作出，便無法逆轉，其後果一般是永久性的。當然，日常的治療護理都離不開持續的評估和護理計劃的更新。一般來說，道德困境涉及的風險往往都很高。例如，以下的案例就非常困難。我們將敍述個案的詳情，然後示範如何分析困境，以及如何實行上述的步驟。

案例一

二十多歲的羅恩（Ron）與瓊（June），結婚五年，沒有子女，生活幸福。有一天，兩人在一間常常光顧的餐廳共進晚餐的時候，羅恩突然被一塊肉卡住咽喉，瓊立刻上前幫忙，並向人求助，但他很快失去知覺，最後呼吸停頓。救護人員到場進行急救，但他已經皮膚發青，嚴重缺氧。他在深切治療部住了數天後，醫生診斷他大腦大部分地方永久損壞。他不能自行進食，喪失了成人的思考能力，需要別人長期照顧。由於大腦的語言區域因缺氧遭到破壞，他不能說話。不過，他能夠睜開眼睛，利用面部表情及手臂動作來進行溝通。瓊雖然被丈夫的重傷嚇壞了，仍然決定肩負起照顧他的重任，並且決定把自己的畢生精力花在這方面。

瓊辭去工作，全天候地照顧丈夫。她從丈夫的社會保障金中支取傷殘津貼，因此可以每天看護他。她漸漸地掌握了他的情緒變化和溝通方法。雖然他給予的反應極少，但當她輕撫他臉龐的時候，他確實能報以微笑，以表示她能令他快樂，而他也愛她。他們這樣艱辛但滿足地一起生活了很多年。然而，羅恩的噩運仍沒離開。

近二十年後，羅恩突然中風，被再次送進深切治療部。腦出血導致更多的損壞，使他喪失了僅餘的認知和大腦功能（根據醫生所言），並且必須靠呼吸器維持生命。根據胸肺科醫生和神經科醫生的診斷，即使有專人護理，羅恩這新水平的身體需要不能維持很久，他可能很快死於感染。他們勸瓊撤除維生措施，讓羅恩自然地去世。醫生們都認為，他們正在拖延羅恩的死亡，羅恩在深切治療部裏依賴呼吸器苟延殘喘，正在忍受不必要的痛苦。瓊想到羅恩離開，陷於痛苦之中。在羅恩住進深切治療部近三週後，瓊發現羅恩再次用她熟悉的手臂動作和眼部溝通對她作出反應。她知道，他與中風前已不再一樣，但他的動作仍引起她對情況好轉的盼望，使她振奮。不幸的是，醫生看不出來她所見的微妙溝通。他們認為，她在否認羅恩難以康復的現實。院方邀請新的醫生給予意見，他們一致認為羅恩已經喪失大腦功能，毫無生命素質可言，但瓊卻充耳不聞。瓊既有基督教信仰，又認為丈夫在好轉，因此不願關掉維生儀器、放棄丈夫。此外，她認為上帝會在適當的時候把羅恩接走。她向醫生表示，不願意為提早結束他的生命負責。她與院方有過幾次憤怒的衝突。她要求把丈夫轉往其他醫院治療。最後，院方召開倫理咨詢會議。

個案分析

1. 搜集相關資料

到了召開倫理咨詢會議的時候，雙方互不信任，當中的憤怒情緒阻礙了他們之間的溝通。這本身已經是一個倫理問題。在羅恩的個案中，需要作出決定的倫理困境最後涉及到他的長期護理問題。醫生希望能撤除維生措施，但羅恩的妻子則希望他的生命能藉著維生措施及持續使用呼吸器得以延長，直到他自然地死去為止。她堅持讓羅恩轉往別的醫院，因為也許別的醫生可以治好他，救他一命。

從醫生的角度來看，羅恩的中風是致命的，大腦的嚴重損壞使他以後都無法進行思想。此外，他將無法自行進食、自行呼吸，並且餘生都需要依賴藥物和呼吸器。他將無法溝通——這意味著他將變成植物人。他的維生設備一旦撤除，他就立即死亡。在醫學上，並沒有能把他「治好」的方法。他面對受感染的風險，將來好轉的機會近乎零。當然，他就連過接近正常人的生活也是不可能的。醫生與家屬之間的頭幾次會談並不融洽。瓊極力為丈夫爭取維生措施的提供，換來的卻是憤怒，對方認為她不接受現實，並且貪圖有關的津貼。醫生希望能撤除維生措施，讓羅恩帶著尊嚴離世。

從瓊的角度來看，羅恩顯示出好轉的迹象，有再次溝通的可能。她已經照顧他超過二十年，因此現在能觀察到一些醫生看不見的蛛絲馬迹。她多次與醫生交涉，但他們之間難以達成共識，建立不了信任。她說，自己知道他總有一天會離世，但是一定要等到「他的日子滿了」，神把他接走才算是了結。

2. 釐清個人價值觀及個人倫理立場

醫生已竭盡全力提供符合專業標準的醫療護理，並且表示徒然地提供維生措施涉及了金錢及公義的問題。他們知道，羅恩使用珍貴的有限資源時，為社會造成了負擔。他們對羅恩夫婦遭遇的不幸深表同情，但同時也清醒地知道，羅恩的死亡是不能避免的，而讓他在臨死前承受更多的痛苦，是任何有良知的人都不能接受的。

因此，在羅恩的個案中，根據「不傷害」的原則，維生措施應該撤除。醫生詢問其他專家的意見後，仍不能達致一個合理的結果。所有的專業人員都嘗試讓瓊知道他們的看法，在所有程序裏都遵守了「知情同意」所要求的規定。

瓊對這件事的處理摻雜了強烈的個人情緒。她的基督教價值觀強調著生命的神聖性及上帝在生死上的主權，但除此之外，她的內心極可能隱藏著內疚和悲傷的掙扎。當羅恩二十多年前吃飯哽噎的時候，她未能及時拯救或幫助他，以致未能防止永久的殘疾和因此導致的家庭悲劇。這件創傷事件深刻地印在她的生命中。她雖然已經盡了一己之力，但仍然可能有一種內疚感，責怪自己不能救他，而二十多年來，這種錯置的內疚感很可能變成一種根深柢固的病態思想。她並不需要為此事承擔責任，但她可能不是這樣相信。另一方面，丈夫喪失功能的事實也可能對於她的生命來說是個驟變。這種轉變帶來的悲傷／喪失循環已使她難以應付，再加上丈夫接踵而來的健康問題和不斷的關顧需要，使她無暇思想**自己的**問題。她必須先照顧丈夫和他的需要。因此，如果他此刻因死亡而離開她，可能令她難以面對。也許她的本能反應是，不惜一切代價努力挽留丈夫的生命。

最後，瓊還可能要面對經濟問題和身分危機。她生命的所有時間都花在羅恩的護理上，如果丈夫去世，她將面對巨大的震撼。根據心理學理論，人願意付出一切代價來維護自己的身分。二十年來，瓊的身分一直是羅恩的關顧者。如果他離世的話，她的生命將何去何從？她僅有的生活收入來自他的社會保障金，他的死亡將使她陷入經濟困境，甚至無家可歸。這將是多麼大的轉變！

總而言之，羅恩的死亡將使瓊面對信心、錯置的內疚、悲傷、身分及經濟上的種種問題，有些可能太過難以面對，以致把它們隱藏在憤怒和不信任的感覺之下。她作為羅恩的合法護理人，有病人賦予的權力，可以尋求其他醫護方法。她根據病人／家屬自主的原則，有權就丈夫的護理發出指令，甚至可以不同意醫生的建議。她充分地行使了這項權力。

3. 釐清有關的規範性問題及原則

本案所涉及的規範及原則包括：

利益行善／不傷害的原則。這項原則強調病人的利益及不得傷害病人，並最終謀求病人的最大利益。利益行善的基礎是對人類的惻隱之心和聖經所提倡對人類的愛。有時候，行善也意味著放棄治療，讓病人安然離世。

個人或家屬的自主權及自由。自主權是美國醫學界的基石，廣為醫護人員所推崇。它使病人按喜好接受治療或拒絕有違個人價值觀或習慣的治療。根據自主原則，病人或家屬可以按意願要求指派額外的醫生或顧問，甚至可以要求轉往其他醫院。

專業職責及操守。專業醫護人員及醫生有道德上的責任與同儕及其他專業人員攜手為病人提供適當的醫療護理。他們有責任遵守有關的護理規定，旨在促進社會人士的健康護理服務的長遠發展。在羅恩的情況裏，醫生根據他的健康狀況，可以不按專業規定建議長期的治療。

尊重個人的尊嚴。這項原則強調保護人的尊嚴，遵守自然法則（即使在有醫療介入的情況下），尊重生命的神聖性及固有的價值，它的基礎在於生命需要拯救及保全。在以上的個案中，意見互相衝突的醫生及瓊雙方都提出這項原則。醫生根據這項原則，希望羅恩能帶著尊嚴離世，而瓊根據這項原則，希望自己能保全羅恩的生命。

在本個案中，根據機構的政策，可以按瓊的要求把羅恩轉往另一家醫療中心；根據不提供／撤除維生措施的政策，瓊知道羅恩的診斷結果後，可以代羅恩要求終止維生措施撤除呼吸器；根據有關的州立法律，按羅恩的垂危病情，可以不提供／撤除維生措施。

4. 找出合乎倫理的選擇，並作出決定

選擇一：聽從醫生的建議，撤除維生措施；給予羅恩減痛措施直到他離世為止。

選擇二：保留所有維生措施，穩定羅恩的情況，把他轉往可以提供呼吸器的長期

護理中心。瓊將被迫搬遷，因為在她居住的城鎮中，沒有任何醫療中心能夠提供長期的呼吸設備服務。

選擇三：立即將羅恩轉往瓊認為適合的醫療中心，可以有個「新開始」，並有新的醫生照料及治療羅恩。尋找這種醫院可能有些困難，因為收症的醫生必須願意把羅恩視為病人，並且有充分理由相信，他們能夠幫助羅恩康復。

決定：　在本個案中，最終的決定是，把羅恩轉往另一個州的專科護理中心，那裏可以提供呼吸設備。他在深切治療部多住了一個月，直到他能夠坐醫療飛機前往護理中心。

5. 評估所作出的決定

事情的發展真的合乎期望嗎？羅恩的個案對於涉案的各方來說，是一件非常棘手的案子。醫生對於瓊不聽取他們的意見深表失望。另一方面，他們也認為羅恩的個案是他們從醫以來最困難的倫理困境。他們仍然對家屬懷有不滿。

最令醫護人員不滿及關注的，是長期護理的效果不彰，而羅恩卻要承受不必要巨大的痛苦，並且珍貴的醫療資源遭到濫用。由於羅恩被轉往別的醫療中心，我不知道他以後的情況，也不知道瓊怎樣處理其後的危機。

事實上，這對我們來說並不是重點。

對於我們來說重要的是，除了決定的過程本身外，我們還需要明白，我們作為事件的倡導者，應該能促進溝通，協助案中各方討論問題，消除瓊與醫生之間的猜疑。也許你認為醫生寡情薄義，但事實上，醫生與瓊都是虔誠的基督徒，積極參與教會的事奉。他們在處理羅恩的危機個案中，各自以自己的方式演繹心目中的惻隱之情。此外，瓊有一位關係密切的牧師，在這段困難時期裏向她提供意見。不過，他卻從來沒有來過醫院！他並沒有幫助她向醫生表達自己的感受，也許他像我們很多屬靈領袖一樣，認為進行醫療倡導並不屬於牧養工作的範圍。我們需要的是在醫療決定方面有裝備、並且願意委身的牧者和導師。我希望你就是人選。

案例二

七十八歲的黛安娜（Diane）覺得胸部不適、呼吸緊促，於是向醫生求助。她在急症室接受檢查，被診斷為患有不穩定型心絞痛。她的心臟在這種狀況下，有動脈閉塞的危險，可能致命。醫生建議她馬上住院，並立即檢查閉塞的程度。在這個緊急關頭，黛安娜卻畏縮不前，想要回家。她開始匆忙地收拾隨身物品，並跟護理人員說，她因最近去世的丈夫薩姆（Sam）的經歷，「領教了醫院的官僚作風」，她不願意親身經歷同樣的事情。

據她描述，薩姆曾屢次重申，臨死前不願全身插滿喉管及透過儀器來延續性命。他是位務實的人，認為醫護人員進行「繁複的檢查」通常浪費金錢。他患有末期肺癌，看過很多次醫生。他幾個月前因病住院，雖然極力反對，仍遭醫生插上膠氣喉協助呼吸。雖然治療對他產生效用，但他後來被拔除膠氣喉後，凝重地說：「如果誰再敢給我插喉，我就告他！」自從那次出院回家後，他的健康每況愈下，氣力並不如前，活動範圍也不斷縮小。他在去世當日，昏倒在家中，黛安娜通知自己的醫生，激動地說：「急救人員已開始用心肺復蘇法了！他們竟然不肯停下來！」她不斷請求急救人員停止搶救薩姆，讓他自然地離世，但他們不聽，最後把他送進醫院。他在抵達醫院後不久，便去世了。

在這件事的影響下，當急症室醫生試圖勸說黛安娜，需要留院做診斷檢查，並且強調她如果不治病，將有生命危險時，她堅定地說：「我不想留在佈滿儀器的醫院裏，我不想接受任何檢查或手術。我活得好好的，不怕死。我很樂意跟薩姆重聚。我很想念他。」在醫護人員不斷游說的情況下，她拒絕住院，違背醫囑，離開了醫院。

個案分析

1. 搜集相關資料

黛安娜被診斷為患有不隱定型心絞痛。這種心絞痛通常由心動脈閉塞引致，病人一般的診治方法是留院觀察，進行測試，評估閉塞的嚴重性。她根據丈夫臨終前多次住院的經驗，對於醫生及醫院的官僚作風有些抗拒。在丈夫住院期間，他有關臨終護理和治療程度的個人意願沒有得到醫生的重視。因此，黛安娜拒絕住院，甚至連急症室人員的解釋也聽不進去。此外，她說，自己已經「今生無憾」了，並準備好去跟薩姆重聚。在這個倫理困境裏，需要關注的是醫護人員的感受，他們為黛安娜的安危而擔心，覺得有責任保護她，但她卻決定為自己的病負責，不接受治療而離開急症室，因此有再次病危，或是死亡的危險。

2. 釐清個人價值觀及個人倫理立場

急症室人員及醫生身為專業護理人員，很重視黛安娜的生命，知道她本來可以透過接受適當並需要的治療來幫助自己，使自己將來有機會過快樂而豐盛的生活。他們很擔心黛安娜沒有意識到自己病情的嚴重性，不知道嚴重的血管閉塞隨時會致命。他們可能懷疑，黛安娜是否已經患上抑鬱症，因為與她朝夕相處數十載的丈夫最近辭世，對她來說是個很大的打擊。一般來說，哀傷的情緒是抑鬱症的先兆。她是否覺得無助而孤獨呢？如果她將來是孤獨終老的話，她會否害怕面對將來呢？她如果真的患有抑鬱症，能夠作出如違背醫囑離開醫院一樣的生命攸關的決定嗎？醫院是否應該給她作心理健康評估？此外，她在醫院裏，沒有親友陪同，給予支援或提供合適的建議，醫護人員覺得讓她獨自回家很不放心。

黛安娜自知有心臟病，但既已年屆七十八歲，就接受了命不久矣的事實。她丈夫臨終時所受的，她認為是多餘的治療，令她心有餘悸。她覺得醫院的人員很傲慢，不願意聽別人的意見。他們很快決定讓她住院，令她覺得他們對她缺乏尊重。她認為，如果他們草率地決定讓她住院，以後也可能不經徵求她的同意而給她插喉，或是做出其他難料的事情！也許是她對於他們的行動過於敏感，但畢竟丈夫入院時，院方並沒有聆聽他的意見。黛安娜一直是位獨立的女性，就算現在丈夫離開了，她仍持守著這種人生態度。她仍然為丈夫的離世感到哀傷，時常想離開這個世界去跟他重聚。她不認為這是抑鬱的情緒，而是生命的現實。在未來的日子裏，她將更感到孤獨。她已準備好讓上帝接走自己。

在本個案中，倫理困境涉及的是病人的自主權及對治療的排拒，與它們相對的，是利益行善和醫生為病人謀求最大利益的職責。病人的能力，以及醫生與病人的關係中的信任及尊重，也可能是當中存在的問題。

3. 釐清有關的規範性問題及原則

利益行善（行善的職責）是醫生為病人爭取最大利益、保障病人健康、拯救病人生命的原動力。醫生及急症室人員認為這項倫理原則正是他們從事此行業的最大原因。

病人的自主權是一項倫理原則，允許個人有拒絕接受治療的自由，即使這個決定危害健康，或導致死亡。黛安娜有權留在家中，任由身體衰退。她是可以自行作出決定的個體，能對自己的生命承擔責任。

根據知情同意的原則，院方須向病人提供充分的資料，足以使她在治療或護理計劃方面作出明智的決定。急症室醫生及醫護人員能夠就病情的診斷向黛安娜提供充分的資料，因此毋須為她生命承擔法律責任。她能夠向他們清楚地表示，自己明白違背醫囑而離開醫院所涉及的潛在風險。在所有方面來說，她都表現出自己是有行為能力的成年人，能夠作出可行的決定。

「尊重」的倫理原則建基於人際關係中的固有價值上。建基於「尊重」的病人／醫生關係能讓他們共同作出醫療決定，既重視專業的建議，也重視個別病人的意願。在一段關係裏，互相尊重能產生信任。黛安娜並不認為醫護人員尊重自己，因此不能對他們產生信任。法例沒有規定病人必須住院接受治療。

4. 協助找出合乎倫理的選擇，並作出決定

選擇一：急症室醫護人員別無他法，只能讓黛安娜回家，即使這有違他們幫助她解決健康問題的意願。他們沒有法律依據來強行留住她。因此只有一個選擇，就是想一想在她離開醫院之後，**怎樣**處理她的病情。最好的辦法是，黛安娜以往的醫生對她進行適當的跟進治療護理，這樣，也可以向她表達同情與關懷。急症室的醫護人員也可能開始討論一些方法，爭取重建以往對醫院有負面看法的病人的信任。

決定：允許黛安娜違背醫囑而離開醫院。

5. 評估所作出的決定

我們可以從這個比較簡單的倫理案例中學習到，人的價值觀往往在醫療過程中起著關鍵的作用。黛安娜因

丈夫在臨終前受到多餘的治療而心有餘悸，因此與醫護人員意見分歧及衝突。她的不信任態度極有可能影響自己的生命。當我們聽到黛安娜的案例，並開始了解她對於死亡方式的選擇及臨終護理的個人意願時，我們的個人感受及對她的惻隱之心浮現出來。我們作為旁觀者，很自然地就希望她能夠珍惜生命，接受可以延長壽命的治療，而她在獨立自主、經濟負擔及喪偶等因素的影響下，則有截然不同的考慮。對於她來説，違背醫囑而離開醫院的決定是最適當的。這個困境的一個重要結果是，醫護人員有機會就有關的問題進行討論。這種病人問題會使醫護人員沉思良久，因為事態的發展和結局令他們感到不安。黛安娜的案例清楚地展現了醫護人員面對的倫理困境：病人的決定是合法的，但卻令醫護人員不安。

如果在這個危機中，黛安娜能有一位心靈倡導者在旁提供意見，他或者可以扮演她與醫護人員之間的協調人的角色，把她因丈夫的遭遇而心懷的怒氣清楚表達出來，並且概述及記錄她對於治療程序的主要顧慮，那麼，她的個人意願將有機會得到重視。這位牧師、長老或基督徒支援者可以減輕醫護人員對黛安娜的擔心，也可以緩和黛安娜對於醫院的恐懼。在最理想的情況下，黛安娜可能有更好的選擇進行心臟治療，使生命的素質得以提高，直到被上帝接回天家為止。

結語

倫理困境是指一種我們按本身的引導性價值系統視為「不尋常」或「不妥當」的震撼情況。如果我們覺得有些事情「不對勁」，並且能表達清楚到底是甚麼阻礙了我們的決策的過程，則我們正一步步深入了解問題。在解決倫理困境的過程中，我們採取以下的步驟：搜集資料，釐清及表達個人價值觀，衡量涉案各方的重要倫理原則及道德規範，最後作出最適當的決定。這種決策的模式只能用於分析倫理困境，因為一般來說，作出決定仍然是非常困難的事情。事實上，正是在這種情況下，與神的關係密切與否可以對一個人的命運產生迥然不同的影響。

註釋：

1. Mark P. Aulisio, Robert M. Arnold, and Stuart J. Younger, "Health Care Ethics Consultation: Nature, Goals, and Competencies," *Annals of Internal Medicine*, 133, no. 1 (July 2000): 61.

8

基督徒面對倫理困境的獨特觀點

若有人在基督裏，他就是新造的人（林後五17），並且因著耶穌基督的福音信息徹底改變了生命觀。這是因為接受耶穌為救主，意味著接受祂彌賽亞的身分、祂奇蹟的降生、祂滿有權柄的教訓、祂醫治的神蹟、祂為成就神的旨意而擔當我們的罪，死在十字架上，以及祂從墓地裏復活升天等事實。有了這些個人信念做為信仰的基礎，我們在面對醫療上的倫理困境時，就對問題有著不一樣的觀點，考慮的事情也跟一般人不同。我們在醫院裏遇見人和事時，言行都表現出我們了解神愛世人，而在與醫護人員一起參與作出醫療決定時也是如此。我們並不是孤軍作戰。我們向前進，靠的不是眼目，而是信心。我們堅信神的介入。

基督徒在面對倫理困境時，有很多神學信念和觀點可以援引，而本章只討論其中的一小部分。不過，我們希望，這種討論能夠啟發和鼓勵基督徒進一步深思和反省，能把真理銘記於心。

神的真理載於聖經

基督教的基要信念是，創造萬物的上帝透過歷史、先知、聖子的降臨、聖經等向人顯現。當基督徒在紛亂的世代中尋找當行的路時，聖經提供了最主要的引導，並且在他們需要作出醫療決定時，提供重要的基督教觀點。基督徒信任聖經，當在困難的處境中需要知道神的旨意時，就翻閱聖經尋求指引。聖經是神所設計的，所以在這些情況中，足以作為基督徒實踐信仰的準則，但並不能涵蓋各類需要作決定的事情的全部範圍。它沒有解決我們在生活中必須處理的各類醫療決定問題。在耶穌生活的年代，並沒有提供心臟手術、器官捐贈或試管餵食等設備的現代醫院。不過，聖經確實展示了「神的意念」。我們在細心閱讀聖經時，將學習按照神的決策模式進行思考和反省。

摩西在以色列人臨進入應許之地前向他們說話，提醒眾人神帶他們出埃及及所行的神蹟奇事，並告誡他們要把神的律例牢記在心上。

> 所以，今日你要知道，也要記在心上，天上地下惟有耶和華他是神，除他以外，再無別神。我今日將他的律例誡命曉諭你，你要遵守，使你和你的子孫可以得福，並使你的日子在耶和華——你神所賜的地上得以長久。（申四39～40）

> 以色列啊，你要聽！耶和華——我們神是獨一的主。你要盡心、盡性、盡力愛耶和華——

> 你的神。我今日所吩咐你的話都要記在心上，也要殷勤教訓你的兒女。無論你坐在家裏，行在路上，躺下，起來，都要談論。也要繫在手上為記號，戴在額上為經文；又要寫在你房屋的門框上，並你的城門上……耶和華又吩咐我們遵行這一切律例，要敬畏耶和華——我們的神，使我們常得好處，蒙他保全我們的生命，像今日一樣。（申六4～9，24）

值得注意的是，銘記神的律例所得的福氣也臨到我們的健康上。從摩西的話中，可以看見神對遵守祂律例的人的應許：「……使你和你的子孫可以得福，並使你的日子在……地上得以長久。」由此可見，閱讀聖經對基督徒來說不但是誡命，也帶著應許——我們要思考神的話語，使我們在地上的日子得以長久。

聖靈也透過聖經來向我們說話。使徒保羅論及聖經的啟發時寫道：「聖經都是神所默示的，於教訓、督責、使人歸正、教導人學義都是有益的，叫屬神的人得以完全，預備行各樣的善事。」（提後三16～17）此外，耶穌對門徒說：「我對你們所說的話就是靈，就是生命。」（約六63）

我們應該切記，神透過聖經的話語和聖靈的運行引領我們的思考和想像。當基督徒面對自己的問題和急切的困難而需要翻閱聖經時，神透過具有悠久歷史、但如今仍活潑有力的信息告訴我們真理。在聖靈的指引下，**靜聽**上帝的話語能照亮人的生命處境。正如耶穌所說，神差來的聖靈要使人活出聖經的真理，要「**將一切的事**

指教你們」（約十四26）。聖靈將古代的篇章和處境帶進現代的生活中，讓尋求上帝指引的人奉為真理應用在生命中。

基督徒在困難的醫療處境中，首先翻閱聖經尋求指引。他們在聖經中尋索可以應用在有關處境上的倫理原則及道德訓誨，這樣，他們就把自己的生命順服在神的權柄下，尋求祂在他們生命中的旨意、祂對於他們未來生命的目的。倡導者應該留意的是，聖經不但在決定過程中有影響力，對有關的人來說也是力量和安慰的泉源。病人家屬抵達醫院面對突如其來的危機時，一般沒有隨身攜帶聖經。倡導者應該知道醫院裏放置聖經的地方——如果不是放在顯眼的地方，應該可以在某些單位找到（例如，急症室、深切治療部、護理部）。倡導者可以主動向護理人員或院牧索取聖經，也應該主動向家屬朗讀經文，提醒他們神的愛和關注、神的同在，以及神在患難中的主權。根據我的經驗，連富經驗的牧者也未必能在可怕的悲劇中想到用神的話語來安慰人。事實上，在病人或家屬面對危機驚恐徬徨的時候，幾節適切的經文能產生很大的作用。

屬靈的知識

聖經不但照亮信徒的生命，還能深入照亮他的內心，使他與神建立更密切的關係。法利賽人尼哥德慕問耶穌關於祂與神的關係，耶穌回答說：「人若不重生，就不能見神的國。」尼哥德慕不明白，耶穌接著說：「我實實在在地告訴你，人若不是從水和聖靈生的，就不能進神的國。」（約三3、5）耶穌教導我們，只有從聖靈生才能明白「天上的事」（約三12～15）。基督徒相信，當一個人相信耶穌並接受祂為生命之主及救主的時候，重生的神蹟就發生了。在此刻，聖靈進入他裏面，他的罪得赦免，他在神的義裏有分，成為神的兒女。保羅在給哥林多教會的信中寫及這種改變：

> 若有人在基督裏，他就是新造的人，舊事已過，都變成新的了。（林後五17）

在某種程度上，這種「新」是指心及意念的更新，這種人對靈性的理解力，是以前沒有的。保羅在給羅馬人的書信中寫道：

> 不要效法這個世界，只要心意更新而變化，叫你們察驗何為神的善良、純全、可喜悅的旨意。（羅十二2）

聖經描述了人在未與神建立關係之前，靈魂是瞎眼的：

> 此等不信之人被這世界的神弄瞎了心眼，不叫基督榮耀福音的光照著他們。基督本是神的像。（林後四4）

另一方面，當一個人在基督裏與神建立了關係之後，就向真理和倫理知識打開了雙眼，對生命的處境和問題有了特別的見解。基督徒也就獲聖靈賜下了新的世界觀。

恩格爾哈特認為，這種獨特的屬靈知識是基督徒生命經驗的一部分，與選擇愛神有關，並且影響倫理思考：

> 我們必須回應「愛神」的誡命。我們回應這條誡命的時候，生命便得到神的更新。任何人轉向神、與神同工的時候，神就改變他們、更新他們。內心的道德律例，以及愛神、轉向神、愛人的能力，使他們能夠親自回應神，因此獲知了倫理的知識，包括生命倫理的知識。事實上，基督教的傳統生命倫理所建基的道德律例並不是與應該遵守律例的人沒有關係或格格不入的，而是他們生命的一部分，是一種生活方式。道德律例是包含在我們對神全心的愛之中的。[1]

由此可見，這種屬靈知識可以在基督徒面對倫理困境時，引領他對決策過程有特別的見解。這些見解可能涉及到病人的個人意願或對於醫療過程的理解。有了這種倫理知識，我們可以對表面看來錯誤的事情有更深入的理解，也對在決策過程中發生並且一定是出自神的旨意的事情有更深入的理解。有時候，對奧祕的感知或單單聖靈的感動就使基督徒憑信心前進。敍利亞的聖艾薩克修士（St. Isaac of Syria）將屬靈知識跟敬畏神聯繫在一起。他寫道：

> 與生俱來的知識，也就是分辨善惡的知識，已由神種植在我們的本性裏面，引導我們必須相信造物主神。這種信心令我們產生敬畏，敬畏驅

> 使我們悔改，驅使我們前進。這樣，人獲得了屬靈知識，能夠感知奧秘，而這種觀點使我們對真正屬神的智慧滿懷信心。不過，信心並非僅引發屬靈知識而已，也產生了對神的敬畏，而當我們的行為開始出於敬畏之心時，則在持續的敬畏神的行為之中，屬靈知識孕育了出來，正如屈梭多模（St. John Chrysostom）所說：「當人有意志敬畏神、思想正直的時候，他就能很快見到隱而未見的事情。」而這種「隱而未見的事情」的顯現就是指屬靈知識。[2]

對於沒有基督教信仰的人來說，這種屬靈知識的說法可能有些可笑或甚至頑愚。在現今的醫療中心裏，各種先進的科技唾手可得，護理規定要求著使用各種的治療方法，而這些方法可能受到擁有基督教屬靈知識的病人倡導者所質疑，而正是在此情況下，不同的意見和倫理分歧產生了。

這種情況可以在民數記二十一章，摩西用一條銅蛇治病的事件中找到。以色列眾人逃出埃及後，在曠野裏突遭很多毒蛇所咬，當中死了許多人。在這個危機中，神對摩西說：「你製造一條火蛇，掛在杆子上；凡被咬的，一望這蛇，就必得活。」（民二十一8）摩西聽從神的吩咐，製造了一條銅蛇，掛在杆子上，於是「凡被蛇咬的，一望這銅蛇就活了」（民二十一9）。這件事的關鍵在於，人只需要**望**杆子上的蛇，就活了。這跟現代醫學觀大相徑庭。以色列人毋須截斷中毒的源頭，也不用按醫療程序療傷，更不用製造任何藥膏，或設法防止感染。他們不用一般屬人的方法，卻只需要轉向神得醫治，就是望掛在杆子上的蛇。這對於他們來說很困難，因為仰望杆子上的蛇需要他們移開眼目，不再向下環顧四周，來提防地上爬行的蛇！對當時的醫護人員來說，神的誡命是匪夷所思的，但當時神的確用此方法化解了一場危機。同樣地，當基督徒家屬按出自活著的聖靈的屬靈知識提出一些要求時，現代的醫護人員也許覺得十分困惑。

我想起最近發生的、一位患癌的年輕母親的故事。醫護人員都認為，她的生命只剩下幾個星期，她應該準備好向家屬告別，以開放、接受的態度面對死亡。然而，這位母親拒絕了醫院的支援，並告訴醫護人員說，她知道自己的時間還沒到，所以將繼續祈禱，希望很快康復。醫生與護士都認為她不肯面對現實。然而，令他們驚訝的是，她身體迅速復元，出院回家，並且壽命遠長於醫生所預期的。她被問及為何有這麼積極的態度時，說：「我知道自己的時間還沒到。神還有事情要我去做。」這就是屬靈的知識。

在類似的情況下，醫護人員與病人的想法看來相去甚遠的時候，心靈倡導者的任務就是支持病人及其家屬堅定信心和心志。一般來說，就算病人與家屬的想法跟醫護人員的個人或專業觀點都有所差距，醫生**只要**能理解病人的思考方式或信念的話，就會尊重他們的意願。有時候，倡導者只需要幫助病人或家屬清楚地表達他們想法背後的原因，然後從信仰角度，解釋他們達至這些想法的信心旅程。心靈倡導者常常需要幫忙澄清受助者的價值觀及信念。

屬靈的現實：神蹟、天使、魔鬼

基督教起源於神蹟。在傳統的基督教世界觀中，存在著神蹟及屬靈的事物，包括神超自然的醫治能力、身為神的使者及人的保護者的天使、魔鬼的工作，以及邪惡的勢力等等。當基督徒進入現代的醫院時，一方面親身經歷了現代醫學科技的複雜多樣，一方面內心已經相信看不見的屬靈世界的存在，知道它對於生命及健康的影響不下於醫生正確的診斷和治療，於是兩方面的經驗交織在一起。基督徒病人並不否定科學解釋的重要性，但更廣的視野，包括屬靈爭戰及神對於全人健康的介入，也納入了基督徒的思考領域之中，放在最前線。這一點通常不為屬世的醫護人員或醫生所理解，因為他們帶著比較不全面的人生觀來看待生命和醫治。

屬靈領袖、牧者或長老在與病人或家屬並肩同行的時候，每次的互動都是在患難和疾病中見證神的全能、同在及慈愛。在驚恐和徬徨之中，祈禱一般是非常重要的。當摯愛身處刻不容緩的險境、生命受到威脅時，例如在突發的意外或心臟／呼吸停頓後被送進急症室時，家屬會代病人向神祈求神蹟，尋求祂的直接介入。基督徒往往代摯愛奉耶穌基督之名呼求阿伯拉罕、以撒、雅各的神以大能施行醫治、拯救，而在很多情況下，充滿信心的禱告往往能蒙神的回應，因為祂聽子民的呼求。

神蹟是指上帝的超自然之舉，是不能用科學或自然原理解釋的。耶穌向瞎眼、癱瘓的人，患有痲瘋、血漏等疾病的病人表達了無比的慈愛。祂的事工包含了無數的醫治神蹟，祂向前來找祂的人施行奇事。祂並非為自私的目的或個人的榮辱而醫病，而是為了榮耀父神，為了彰顯祂作為聖子的權柄。在耶穌復活升天之後，使徒行傳裏的使徒仍然奉耶穌之名醫病趕鬼，而從一世紀至今，教會也一直奉耶穌之名醫病趕鬼。只要細閱福音書或新約，就能窺見神對子民所行的神蹟奇事。

在我的院牧工作中，最令我開心的是不斷聽見屬神的兒女講述神如何行神蹟和醫治，神如何應允他們的禱告。我在這些方面看見了神蹟：垂危的病人康復，連醫生也無法給予解釋；放射檢查結果的表面改變（例如，癌症診斷）、疾病的病癥或狀況無故消失等等，以及在許多危急的處境中，禱告都蒙了應允。

當然，也在很多情況中，病人及家屬所禱告的神蹟並沒有出現。牧者或倡導者往往既要堅守信念，**也**要面對現實，就是一般會令病人或面對摯愛身處險境的家屬難以接受的醫療事實。倡導者如果只顧祈求神蹟，卻罔顧凡人難免一死的客觀事實，則會對受助者的信仰造成阻礙。有時候，就算結果可能並不如願，我們也需要宣認神在危機中的同在。能夠幫助家屬或病人明白，神在最差的境況中仍滿有慈愛、仍與我們同在，或許是我們能結出的最好的信心果實。

天使是聖經常常提到的靈體。古往今來，都有基督徒遇見天使的事蹟，他們在病患中為垂危病人帶來神會保護的盼望和保證及其他。臨終的病人最常見到天使，不過也有人在其他情況下見過天使。天使的存在讓我們意識到，屬靈的世界確實存在，我們眼睛看不見的屬靈活動在我們中間不斷發生。

天使由神創造，有四個目的：圍繞祂的寶座獻上讚美；行屬靈的事；做祂的使者；保護祂的子民。很多人相信，自己有一位守護天使。醫院裏，有些基督徒病人在牀邊放置天使像，或在病袍上戴著天使的襟章，以示神的保護和同在。神學家艾利克森描述天使的出現時寫道：

> 在很多情況下，我們的眼睛看不見天使。耶和華使巴蘭的眼目明亮，他才能看見祂的使者站在路上（民二十二31）。以利沙禱告，求主開少年人的眼目，他才能看見滿山有火車火馬圍繞以利沙（王下六17）。天使在人的眼中，樣貌似普通人，因此人們即使看了，也以為是人（創十八2、16、22，十九1、3、10、12、15、16；士十三6；可十六5；路二十四4）。有時候，他們有神的榮光照耀（路二9，九26）。有時候，他們穿的衣服潔白如雪，發出榮光……馬太形容把耶穌的墓石推開的天使是：「他的像貌如同閃電，衣服潔白如雪。」（太二十八3；參考結一13；但十16；啟一14，十九12）[3]

天使不但按神的吩咐完成屬靈的事工，也參與人們看不見的屬靈爭戰。

基督徒知道，在靈界，有屬靈的爭戰正在進行著，關係到人類靈魂的拯救。天使與墮落的天使正發生屬靈的衝突。保羅寫道：

> 因我們並不是與屬血氣的爭戰，乃是與那些執政的、掌權的、管轄這幽暗世界的，以及天空

屬靈氣的惡魔爭戰。（弗六12）

眾鬼的頭子有很多名稱，包括惡者、魔鬼、撒但、仇敵、控告者、別西卜、古蛇、說謊之人的父、殺人者等。魔鬼（與他的同謀）不斷與神及耶穌基督作對，最大的目的是欺騙和毀壞。在新約，耶穌的事工中，常見的疾病是被鬼附，耶穌的醫治常常涉及驅鬼和趕鬼。這正提醒了基督徒，一些疾病可能涉及屬靈爭戰及／或有屬靈的病因。基督徒面對疾病或死亡時，會思索一些涉及屬靈世界的問題，並在作出關於醫療護理的決定時，向神祈禱，尋求神的介入和保護。

死亡並不是生命的終結

基督徒有非凡的力量面對死亡。耶穌死後三天，墳墓被發現是空的，祂的門徒就從此不再一樣，到處傳揚復活的信息。這個信息如烈火般蔓延出去，傳到所有當時去得到的地方，直到現在，仍然向害怕死亡的人宣告「今生後有永生」的事實。耶穌多次向門徒及親友顯現，有一次更向五百人顯現，他們一同見證祂死裏復活的事實。耶穌證明了自己是初、是終、是拯救主、是永生的保證人。永生是祂給追隨者的禮物，所有人將在世界終結時辨清它。正如約翰在啟示錄中寫道：

> 我又看見一個新天新地；因為先前的天地已經過去了，海也不再有了。我又看見聖城新耶路撒冷由神那裏從天而降，預備好了，就如新婦妝飾整齊，等候丈夫。我聽見有大聲音從寶座出來

說：看哪，神的帳幕在人間。他要與人同住，他們要作他的子民。神要親自與他們同在，作他們的神。神要擦去他們一切的眼淚；不再有死亡，也不再有悲哀、哭號、疼痛，因為以前的事都過去了。坐寶座的說：看哪，我將一切都更新了！又說：你要寫上；因這些話是可信的，是真實的。（啟二十一1～5）

基督徒滿有力量，滿有盼望，因為知道在地上的生命終結後，可以在神所住的新城裏與友好的主耶穌重聚，而神是那城的光（啟二十二5）。因此，基督徒視自己為今世的寄居者，天上的國民。

保羅在腓立比書中提及天上的國民：

我們卻是天上的國民，並且等候救主，就是主耶穌基督從天上降臨。他要按著那能叫萬有歸服自己的大能，將我們這卑賤的身體改變形狀，和他自己榮耀的身體相似。（腓三20～21）

我們既是天上的國民，今生的旅程只是過渡性的，我們的目的是到達終點——我們在天上的歸宿。

愛德華滋（Jonathan Edwards）在一篇關於基督徒寄居世上的講道中說，我們如果「先求神的國」，就成為寄居者。「他在寄居的過程中，尋找最終的安居之所。我們應該超越一切，渴慕天上的幸福：去找……神，與主耶穌耶督同住。」

寄居者必須把在世間所經歷的事物視為過眼雲煙，「以致能夠撇棄屬世的事物，享受天國的幸福」。我們在寄居的時候，應該放下自己，不受世俗的重擔和試探所羈絆。他又說：「這個大前提比生命中的一切其他顧慮都應該重要。」[4]

基督徒的死亡觀使他們用不同的角度來作出有關終結生命的決定。我們不必不惜一切代價來挽留屬世的生命。

恩格爾哈特認為，現代人對於延遲死亡有一種扭曲的觀點：

我們如果不知道生命的終結其實是把我們領往復活和最終的審判，就會誤以為延遲死亡是最重要的事情……由於醫療能夠有效地減輕痛苦，甚至延遲死亡，因此人類一直把龐大的社會、政治、經濟資源投放在醫療上。基於這種原因，醫療漸漸取代了教會一直在西方扮演的社會文化角色，成為資金和精力的投放焦點……許多人甚或多數人到醫療中心來尋求解決性向、痛苦、垂危、死亡等問題……相對於這種主流的醫療觀，基督教的信念截然不同。生命不盡是肉眼所見的。生命的完整意義在死亡之後才能找到，因此昌明的醫療並不是健康的生命所最需要的。[5]

由於生命的最終意義與目的在「死亡之後」才能找到，基督徒在處理維生措施、或疼痛減緩、或不提供／撤除治療等問題時，跟一般人的優先次序有所不同。「基督徒往往重視的是，醫療方法不應該妨礙屬靈生命。如果某種醫療方法嚴重地阻礙了我們的祈禱生活，或使我們過於重視延長生命的話，則應該放棄使用它。」[6]醫療如果扮演了這種角色，就成為基督徒眼中的偶像，阻礙我們「先求神的國」。[7]

我們人類寄居在世的最終目標是成聖。一個人靈命的成長比身體承受或不承受甚麼更加重要。醫療中心的醫生所關心的是肉體的健康，而基督徒所關注的則是靈命的健康。在這種基督教觀點下，在生命垂危的情況中，如果病人沒有時間認罪悔改或受洗成為基督徒，則延長生命的醫療方法將受到重視。或者，舉另一個例子來說，如果疼痛難當的疾病令基督徒病人不能夠有意識地祈禱或參與教會的聖餐的話，可以服用一定分量的藥物來止痛。恩格爾哈特寫道：

> 垂危的病人如果只是千方百計用醫療方法來提高生命素質或尊嚴，而不是專注於與神建立密切的禱告關係，則在道德原則及醫療許可的情況下，盡量醫治他們，直到他們願意面對生命的有限，把目光轉向天國。如果病人在垂危時仍眷戀今世，不願轉向上帝，則必須提供進一步的治療，使病人能夠悔改歸主。[8]

總而言之，今生後的永生應該是照料住院的基督徒病人的關顧者所重視的。在面對死亡的困境中，屬靈的價值超越了身體護理的需要。跟之前一樣，如果在病人或家屬因為疾病的危急而不能冷靜思考或驚慌失措時，屬靈領袖及倡導者可以在旁協助，提醒他們靈命的重要。有時候，講述神學的觀點及信心的持守可以幫助家屬進行思考。然後，倡導者可以與醫護人員及病人的醫生討論家屬的觀點，使院方設計的醫療護理計劃與病人或家屬的意願相符。當然，醫生很願意聆聽病人家屬有關護理計劃的要求。然而，家屬的牧者代表家屬要求改變護理計劃未必能得到完全的認同，但這也是屬靈領袖所扮演的倡導角色的微妙特性。

我們並非孤軍作戰

基督教信仰中最令人振奮的一個觀念是：我們並非孤身上路。我們有上帝和主內弟兄姊妹在困難中扶持我們，讓我們倚靠，從而卸下生命的重擔。這種的扶持是兩重的，一重是內在的，來自聖靈在內心的工作，一重是外在的，來自屬神子民的同在。

聖靈住在每一位以耶穌為主的基督徒心裏（羅八9），是三位一體真神的其中一位，在耶穌升天之後差來成為我們的保惠師。在基督走後，聖靈與我們同在，是神賜的珍貴禮物，陪我們同行，使我們不再孤單。聖靈在我們心裏有幾個角色，其中一個是作為我們的保惠師：光照我們，引導我們明白真理，在我們生命中需要智慧的時候，指教我們。耶穌在離開門徒之前，告訴他們聖靈的角色：

> 我要求父，父就另外賜給你們一位保惠師，叫他永遠與你們同在，就是真理的聖靈，乃世人不能接受的；因為不見他，也不認識他。你們卻

認識他，因他常與你們同在，也要在你們裏面。（約十四16～17）

但保惠師，就是父因我的名所要差來的聖靈，他要將一切的事指教你們，並且要叫你們想起我對你們所說的一切話。（約十四26）

只等真理的聖靈來了，他要引導你們明白一切的真理；因為他不是憑自己說的，乃是把他所聽見的都說出來，並要把將來的事告訴你們。他要榮耀我，因為他要將受於我的告訴你們。（約十六13～14）

聖靈能光照聖經的經文，也使用我們生命中遇到的其他人向我們說話，他們表面平凡的話語在聖靈充滿之下顯得格外有分量。聖靈也在我們心裏辨別是非善惡，使我們洞察行為的可靠性，或預見決定所引起的後果，也引導我們作出決定。聖靈就是這樣住在我們裏面，賜給我們力量。

聖靈也賜予信徒屬靈的恩賜，使我們可以用來作出適當的決定。屬靈恩賜是超自然的恩賜，跟天分或後天的技能不同，是賜給信徒的，因為他們屬於基督耶穌，是同一個身體的肢體。新約在多處提及恩賜，其中最直接的描述見於哥林多前書十二章。

聖靈顯在各人身上，是叫人得益處。這人蒙聖靈賜他智慧的言語，那人也蒙這位聖靈賜他知識的言語，又有一人蒙這位聖靈賜他信心，還有一人蒙這位聖靈賜他醫病的恩賜，又叫一人能行異能，又叫一人能作先知，又叫一人能辨別諸靈，又叫一人能說方言，又叫一人能翻方言。這一切都是這位聖靈所運行、隨己意分給各人的。（林前十二7～11）

在這段經文中，決定所需的恩賜包括智慧、知識、信心、辨別諸靈的能力，甚至醫病的能力。在這些恩賜中，基督徒得到聖靈的實質幫助，有勇氣面對生命中的困難和挑戰。有了聖靈的能力，基督徒並非孤軍作戰。

神子民的同在也能給予基督徒無窮的力量。英文church（即教會）一詞源自希臘文 *kuriakos*，意指「屬神的」[9]。任何透過與耶穌建立的個人關係而屬神的人都是基督教會的肢體，是神家的一分子。神家裏的人不僅僅是朋友或社交伙伴，而是由聖靈超自然地連結結合在一起的弟兄姊妹，與普天之下其他的肢體合而為一。教會是信徒的羣體，包括來自所有種族、所有文化、所有地區的人，是以耶穌基督為主的人，在福音的真理中有分。基督徒有來自世界各地的弟兄姊妹，因此並不孤單。

另外，門徒保羅在哥林多前書十二章將教會描述為「基督的身子」，提醒我們，我們在耶穌裏互相連結，各自對全身有重要的功用。

就如身子是一個，卻有許多肢體；而且肢體雖多，仍是一個身子；基督也是這樣。我們不拘是猶太人，是希臘人，是為奴的，是自主的，

> 都從一位聖靈受洗，成了一個身體……若一個肢體受苦，所有的肢體就一同受苦；若一個肢體得榮耀，所有的肢體就一同快樂。你們就是基督的身子，並且各自作肢體。（林前十二12～13、26～27）

這種生動的身體比喻提醒著基督的子民，各人並非孤單的個體。基督徒的理想生活是羣體的生活。我們與主內的弟兄姊妹緊密相連，互相扶持，彼此分享。正如保羅所說，肢體之間要互相擔當擔子（加六2）。我們能夠做到這一點，是因為我們之間的密切關係和了解程度遠遠超出鄰舍或同事之間的普通關係。對於基督徒來說，神子民的同在是重要的支持，使我們在個人的危難中可以尋求幫助。

牧者及導師可以做幾項工作來保證會友得到主內肢體的幫助。例如，建議住院的受助者提出屬靈關顧的要求。病人和家屬往往因忙於處理各種事務，忽略了教會這個重要的支持網。在我牧會期間，很多由我牧養的會友遇見疾病危機都沒有想過來電給我，或要求我來醫院探訪。現在，我成為院牧，每逢應召到醫院時，就馬上建議通知家屬的牧者前來醫院，支持他們。

另外，應該培訓醫院探訪隊或護理隊，在牧者因故未能前來醫院的情況下，前往醫院提供屬靈支援。危機往往在意料之外發生。危機發生的時候，牧者可能剛好外出開會、放假，或因其他原因不在，在這種情況下，需要教會的其他屬靈領袖作出回應，並且最好他們已經受過訓練，知道在醫療中心如何支援病人及家屬。

因此，牧者及培訓導師除了提供重要的聖經和領袖訓練之外，還應把這個方面納入基督徒培訓的範疇之中。現在，有很多資源和課程可以用於培訓醫院護理隊及心靈倡導者。牧者可以把這一項目排在在全年計劃中的優先位置。

結語

在本章，我們簡略地討論了五種基督徒的獨特觀點，使我們在醫療決定中顯得與眾不同。基督徒在面對倫理困境或困難的護理決定時，會隨意採用這些觀點。這些神學觀點及信仰立場成為基督徒生命的基石，在他們面對十分世俗的及理智的醫療護理方法、在醫院或護理中心與專業醫護人員交往的時候，不會動搖。所有自稱為基督徒的人都擁有以上所述的信念，它們是危機之中的力量泉源。這些觀點也是牧者應該記住和使用的豐富資源，來幫助身處危機的病人及家屬。

註釋：

1. H. Tristram Engelhardt, Jr., *The Foundations of Christian Bioethics* (Lisse, The Netherlands: Swets & Zeitlinger, 2000), 171.
2. St. Isaac the Syrian, *The Ascetical Homilies of Saint Isaac the Syrian*, translated by Holy Transfiguration Monastery (Boston: Holy Transfiguration Monastery, 1984), 227.
3. Millard J. Erickson, *Christian Theology* (Grand Rapids, MI: Baker Books, 1983), 440.
4. James Houston, *The Heart's Desire* (Colorado Spring, CO: NavPress, 1996), 221～222.

5. Engelhardt, *The Foundations of Christian Bioethics*, 316～317.
6. Engelhardt, *The Foundations of Christian Bioethics*, 317.
7. Engelhardt, *The Foundations of Christian Bioethics*, 318.
8. Engelhardt, *The Foundations of Christian Bioethics*, 322.
9. Erickson, *Christian Theology* , 1030.

9 死亡和臨終的倫理議題

一天早上，在手術等候室裏，我遇見托尼（Tony）的家屬。當時我剛好經過等候室，看見一位本地的牧師朋友，我上前跟他打招呼，他向我介紹托尼的妻子卡倫（Karen）。她是牧師的會友，正在等丈夫手術的結果。她四十多歲，有三名子女。她看上去愁眉不展，疲憊不堪，顯然是非常不安、非常擔心。她説，手術正在進行中，大家對情況都不樂觀。醫生在手術前告訴他們説，結腸周圍有幾個腫瘤，可能胰臟也有。卡倫不知道這對他們的將來有多大的影響，而就算手術成功，以後也需要常常看醫生，將使本來忙碌的家庭生活更加緊張。最重要的是，她怕失去自己最愛的人。我跟她説了一些安慰話，答應會為托尼祈禱，然後離開了他們，繼續巡房。

幾個小時後，我再回到手術等候室，看一看卡倫這邊的情況。牧師站在等候室外的走廊上，跟五、六名其他家屬在一起。他馬上拉著我的手臂，一起離開人羣，走到走廊的盡頭。他情緒激動，低聲跟我說，醫生已通知他們，托尼的癌症範圍太廣，所以不能再採取任何救治措施了。正值盛年的三子之父，將很快收到通知，他的癌症已無可救藥了。據醫生說，托尼剩下數週的生命。卡倫聽到消息後，悲痛欲絕，她的姊姊已把她送回家。她最害怕的事情終於發生了。

在接下來的數週，托尼和卡倫將面對不治之症，以及最終的死亡，他們的生命將面目全非。他們多年來的計劃是，養育兒女，等他們長大成人、工作、成家立室以後，在郊外的湖畔小屋過寫意的退休生活，弄孫為樂。他們看見前輩的親友有這樣的生活，所以憧憬自己也有這樣的生活。在某種程度上，這是他們的美國夢。現在，這個夢被粉碎了，隨之而來的是更多的損失。當我們一心好好地過日子，養育兒女、努力工作的時候，死亡似乎是一件遙遠的事情。然而，死亡能夠很快打亂我們的計劃，粉碎我們的夢，使我們亂成一團。事實上，我們的生命脆弱得很，每一刻都跟死亡只是一線之隔。我們心底裏知道，死亡是生命的一部分，每個人都難免一死。但是，我們拒絕思想死亡，並且試圖否認它的存在。不幸的是，我們不能面對死亡及臨終的態度，嚴重地影響了我們作出明智的醫療護理決定，因此產生倫理困境。

在本章中，我們將探討幾乎每個臨終過程均涉及的三方面的倫理議題。第一方面是我們自作主張的傾向。病人尋求醫護人員協助自殺，往往是因為他們想控制臨終的過程。第二方面，我們將探討預前臨終護理計劃及預前指示所涉及的問題。第三方面，喪失親人的影響及其導致的預期性哀傷往往對臨終病人的親友造成深遠的影響。我們將討論哀傷帶來的種種問題與情況，及其對醫護決定的影響。

自作主張

詹姆斯（James）是外表倔強、內心善良的老人。他因肺癌住進我們的醫院，參與善終計劃。他雖然從來不是教徒，但願意接受我來探訪，跟他分享信仰，讓自己試一試。我們的第一次見面談得不錯，使我們得以發展良好的關係。在接下來的幾個月裏，我經常來看他。我們一起談論生命，他樂意剖白自己。他兒時遭父親虐打，滿心憤恨。他十三歲離家出走，獨自在外闖蕩。他曾入伍，打過雜工，後來成家立室，養育兒女成材，最後做高速公路的建路工人。在一生中，他幾次與死亡擦身而過，因此也對屬靈的事情產生興趣。他總覺得冥冥之中有主宰在看著他。我作為院牧，常伺機幫助他認清自己的信仰觀念，把話題帶到上帝之上，探究他對上帝的理解、對來生的看法，以及他如何看上帝在他每週與癌症搏鬥時與他的同在。我們五個月來言談甚歡，暢所欲言。然後，一天早上，我收到電話通知：詹姆斯在睡房中吞槍自盡！這令我錯愕不已。我很震驚，細細回想我們面談時的細節，想找出線索，來解釋他的意圖到底是甚麼。當天我見到他的妻子，她也不相信事實，也是困惑不已。當天上午，他如常地起牀梳洗，如常地跟她交談，跟平常一樣。然後，不一會兒，她聽見槍聲。她來到睡房，面前的景象令她震顫。我們在他們家的客廳裏談論的時候，在場的家屬中沒有一個能猜想出詹姆斯自行了斷的原因。我們找不到他決定自盡的蛛絲馬迹。他此舉跟平時的説話極不一致，並且跟我們想像中他的未來人生目標也極不相符，因此每個人都覺得驚訝。另一方面，家人也知道，他的牀邊多年來一直放有手槍。他也不是不理智的人，並且從小就獨立地面對生命。另外，他的癌症日益嚴重，妨礙他過獨立的生活，也帶給他愈來愈多的痛楚。把這些片段拼湊在一起，使我們知道一些他輕生的原因，但非全部。不幸的是，他的家人將在未來的日子裏承受他自我了斷的後果。

對絕症病人來説，詹姆斯所選擇的自行了斷的做法並非罕見。當病魔步步緊逼，帶來痛苦和折磨，前景一片黑暗的時候，病人想到自殺是很自然的。事實上，大多身歷其境的人都至少裏閃過這種念頭。我們身為成年人，習慣了為自己的生命籌算，為自己的將來負責，掌握自己的去向，決定自己想做的事。當疾病到來時，人的力量遭到侵蝕，人的自主權遭到局限，人的活動遭到限制，這使我們非常難受，也使一些人謀算自作主張，爭取最終的自決權。如果能控制死亡來臨的時間和方式，就給人一種安全感。自殺似乎也能減少財政支出及長期病患對家人帶來的不便。

我有兩位單身的女性朋友，都喜愛攀山，喜歡充滿挑戰的生活。她們最近都説，無論如何也不願意死在醫院。我們一起去露營，在燒烤的時候，閒談中提及想怎樣面對死亡。黛博拉（Deborah）説，她沒有醫療保險，一生努力工作，買了房子，略有積蓄。她強調説：「我如果病了，不想進醫院。我都六十三歲了，已經找了一個朋友，答應在我長期病患的時候，把我送進森林，讓我留在那裏。我才不去醫院呢。我一生積攢的錢都會被他們搶走。我寧可早一點兒獨自在森林裏平靜地死去。」另一位朋友帕特（Pat）則有醫療保險。她在社區書院裏任教，經濟上沒有問題。但她也說：「我不想被醫院強行插滿喉管。我不想靠維生儀器生存。我計劃死在山上。我只要時間一到，就會上山去。」雖然她們仍然有機會被送進醫院，並因為感染或可能的心臟／呼吸停頓而被插喉，以致她們的原意被破壞，但可以看得出來，對於她們來說，自己能夠掌握臨終的日子，為自己作決定，是非常重要的。

相似地，尋求在醫生協助下自殺或安樂死的人，往往是想掌控自己的命運。儘管支持在醫生協助下自殺的人，一般的論點是痛楚和折磨極難忍受，但實際上，真正想自行了斷的人背後有一種強烈的自主信念，這種想法滲透在現代社會，廣為美國人接受。基督教生物倫理學家恩格爾哈特指出這個問題而說：「如果一個社會注重個人對生活方式的選擇和自主權的話，也同樣會注重個人對死亡的選擇和自主權。在高舉自主權的大都市自由文化裏，人的控制範圍以外的生命或死亡都視為是有損人格尊嚴、被孤立的、不光彩的。」[1]如果朋友或周遭的人持守這種規範及其他社會規範，不知道聖經對自我中心或自治的反對，基督徒與他們交往難免在倫理問題上與他們爭論。

在自殺這一課題上，存在著另一種倫理困境。我遇見過一些基督徒病人，由於他們一心要避免自殺，反而執意不放棄用處不大的治療。例如，一位虔誠的女士患有嚴重的骨癌，癌細胞已經擴散到全身。她最後不能進食，不知道應否插入胃飼管吸收營養。我和駐院社工都勸她接受死亡，帶著勇氣「放手」，讓信仰成為她的力量。我進一步探討她的信仰的時候發現，她以為「不盡力而為」似乎等同自殺。對她來說，放棄管飼跟刻意尋求結束生命一樣。有些人把不提供維生措施看作是「被動的安樂死」。她需要一些時間慢慢地消化，改變一些信仰上的想法，才能停止治療，「順其自然」地接受神的旨意。我們要勸服她說，她決定放棄管飼不等於自殺。把死亡接受為生命中正常的一部分並非不光彩的事。相反地，這樣反而能給人性的掙扎帶來尊嚴，在過程中榮耀神。恩格爾哈特論及基督徒在「產生死亡」方面的倫理觀點時寫道：

> 基督徒可以停止治療，以謙卑的態度「順其自然」地接受神的旨意。他們這麼做並不產生死亡。這種論調重申了某種職責，指出了某種屬靈危機。它區別出不提供或撤除維生措施，是屬於被動的他殺或被動的安樂死，還是屬於讓神的旨意成全。即使在傳統的基督教以外，人們也可以分別出，並非為提早死亡而進行的停止治療的行動，與意圖爭取及早解脫而刻意怠忽之間的分別；後者可以稱為被動的安樂死……傳統的基督教觀點……主要（雖然並非惟一地）注重信徒是否有意圖，及是否避免涉及人的死亡。[2]

羅馬天主教神學家根據「雙重影響」的倫理原則作出決定。如果某種治療的意圖是幫助病人的話，則該治療即使可能有負面的後果，仍然可以使用。例如，可以用大量的嗎啡來止痛，即使大家知道使用過量的嗎啡可能抑制病人的呼吸，引致死亡。使用鎮痛劑有雙重「影響」，但使用它的原來意圖是減輕病人的痛楚。恩格爾哈特是東正教教徒，知道這種決定有含糊不清之處，但仍認為在這種情況下，尋求神的指引和恩典是重要的。基督徒不得刻意怠忽而殺人，卻應該本著愛和關懷去幫助病人。他警告說：「參與取走別人的性命，危害靈性，即使在全非自願的情況下。」[3]與之前一樣，關鍵是在於是否有意圖。在作出決定的倫理層面上，了解決策人內心的意圖比外在的行為更重要。「一種行為即使能導致可取的結果，仍可能是錯的，而一種行為即使帶來一些惡果，仍可能是對的。」[4]

身患絕症或垂危的病人一般在自殺的課題上面對作出決定的倫理困境。正如以上所述，在是否不提供或撤除維生措施或鎮痛劑的治療決定方面，倫理困境也是普通存在著的。其中部分的問題是含糊不清的灰色地帶導致的。

預前臨終護理計劃

在很多情況下，病人被送進醫院時已失去知覺，在不能給予同意的情況下需要不同種類的治療。急救部的醫生必須遵守診治方面的醫護準則，直到他們聯絡到病人家屬，或能夠合法地代表病人講述護理意願的人為止。如果病人為長者，患有絕症或有其他長期的健康問題，或因某些原因拒絕接受一些標準的治療（例如，耶和華見證人的信徒拒絕接受輸血），倫理困境就很可能產生，因為治療已經展開，而突然改變治療必須徵得病人家屬或病人本身的同意。如前所述，治療程序一旦展開，想要撤除往往並非易事。例如，對於耶和華見證人的病人，一旦開始輸血，就不可能把血從他們身上再抽出來。如果病人家屬之間未能就病人的意願達成一致看法，或者家屬之間公開的衝突阻礙了護理計劃，也將產生倫理困境。如果病人已經事先訂立了護理計劃的話，這些情況的複雜程度將大幅減低。預前計劃是指用文件記錄對臨終時的使不使用維生治療措施的個人意願，以及委託代理決策人。這種代理決策人十分明白病人在各種威脅生命的醫療處境中的意願，並且能夠合法地代表病人發言。這種記錄病人意願的文件叫做**預前指示**。有幾種預前指示是我們必須知道的，現於下文簡述。

持久醫護授權書

該授權書是經病人、見證人、公證人簽署的法律文件，授權病人所委託的人士在病人失去發言、行動及書寫的能力時代行。持久醫護授權書與持久**財務**授權書不同，是廣為醫護機構的**醫護**人員認受的，毋須經律師起草。醫院可以提供及派發這種文件。它有不同的格式，只需要兩名見證人及一名公證人簽署。授權書的功用是委託一名代理**決策人**，並不牽涉任何財務責任。病人往往委託其配偶、其中一位兒女或父母擔任此角色。**該**代表將在所有的醫護決定中代表病人作出決定，**惟只**限於病人無法自行決定的情況。很明顯的是，該代表需要肩負的責任很沉重，並且得到病人極大的信任。不過，對於病人來說，這樣可以保證別人按自己的意願行事，並且可以避免諸多可能出現的誤解，甚至是公開的衝突。我建議每位成年人都訂立持久醫護授權書。缺少了這份授權書，很容易產生誤解。以下有關瓊斯（Jones）一家的例子，就說明在沒有授權書的情況下，家屬面對的困境變成了難纏的惡夢。

瓊斯因肺部受感染而入院，本來注射一些抗生素就可以輕易治好。他六十二歲，不抽煙，身體狀況良好。但是，由於不明的原因，感染的病持續地纏擾著他。他在幾天之內被送進深切治療部，被插上喉管，接駁上呼吸器，用以把肺部的壓力壓出，幫助康復。然而，就算再次注射抗生素，情況卻反而更差。他的肺沒有反應。他被診斷為患有呼吸窘迫症。他的肺無法自行運作，只能依賴呼吸器。醫生告訴他的家屬，他生存的機會渺茫。由於事情急轉直下，來得很突然，並且他之前還很健康，因此家屬很難接受現實。他的家屬聚集在醫院裏，徹夜守候在病牀邊支持他。在此之前，他還沒有失去知覺的時候，曾經向醫生表示，如果情況不妙，他不想依賴機器呼吸。但是，他目前昏迷，家屬不知道怎樣為他作出醫護決定。他年老的母親支持醫生的建議，希望能撤除維生措施，讓他安然地離世，儘管失去兒子令她哀痛；但他的女兒莉薩（Lisa）卻有不同的看法。

莉薩是個虔誠的教徒，熱愛生命，並在需要作出生命攸關的決定時，認真地從屬靈角度考慮。她眼見父親無助地靠呼吸器維生，不能動彈，必須依賴醫護人員照料，心裏產生要保護他的想法。想到他就快離世，令她難以承受——那將意味著失去自己生命的一部分。[5]對於她來說，關掉呼吸器似乎是錯的，好像「把他推向死亡」。事實上，她不會讓這種情況發生。她跟醫生說，這麼做不行。在醫護會議上，她在祖母和其他親屬面前表達了異議。醫生和家屬都被困在僵局裏。在之後的幾天裏，莉薩向她的屬靈領袖徵求意見，並堅持反對撤除維生措施。面對這種情形，其他家屬一言不發，也不願意參與其中，因為他們自己對醫療診斷所知有限，也不知道究竟怎麼做才對。醫生找其他同事來支持他的診斷，又找院牧和社工來支援並教導家屬。幾天之後，一大筆醫療開支消耗掉了，各方也受盡了折磨，病人終於與世長辭。如果他能一早委託某人代表他來發言的話，他的女兒和其他家屬所面對、作困難決定的重擔本來可以大大減輕。

委託某人做持久醫護授權書的受權人，是一項重要的決定。當然，做出這項選擇後，並非一勞永逸，因為你必須在種種關鍵的事項上與剛選好的受權人深入溝通。巴特勞（Bruce Bartlow）醫生建議，向受權人坦誠地說出自己的人生目標、盼望、恐懼、患病前後的生命素質、打算建議的療法（例如，心臟復蘇法），以及可以接受的治療效果（例如，生存相對於身體能夠運作）。[6]有關人士極力建議，在填寫預前計劃文件時，應該在預前指示中寫明可以進行的治療的「最初強度」，用以決定接受甚麼程度的治療。無論你以何種方式說明自己的意願，你的代表都必須細加留意，在最重要的、生命攸關的事項上充分了解你的願望。根據最近有關病人與代理決策人的決定之相符程度的研究，決策人的個人關注往往阻礙了他執行病人的明確表示的意願，這類個案的數目多得驚人。[7]你對決策人所說的願望愈真實，他就愈能代表你進行倡議。接著，我們會探討以下第二種預前指示的形式。

五個願望

「五個願望」是一份齊備的**生前遺囑**文件格式，囊括病人對於臨終護理的個人、情緒上、靈性上、醫療上的盼望，以五個願望的形式表示出來裏。「五個願望」是由一位特別的人努力創造出來的。圖威（Jim Towey）曾與德蘭修女（Mother Teresa）共事了十二年。有一年，他住在德蘭修女在華盛頓（Washington D.C.）開辦的善終院舍裏。由於有親身經歷，他萌生了這個念頭。他希望能幫助病人及家屬預先計劃將來，面對重病。他的努力孕育了「五個願望」，得到很大的迴響……報章把「五個願望」稱為第一份「用心的遺囑」。[8]「五個願望」的文件裏包含持久醫護授權書在內，並且使人有機會寫出自己願意或不願意接受的醫療、疼痛減緩問題、在死亡時的個人靈性意願，以及葬禮安排。該文件的格式可見於以下網址：www.agingwithdignity.org。我認為這是出色的臨終計劃工具，本人極力推薦。

舒適指示（在家勿用心肺復蘇法）

第三種預前臨終護理計劃的工具乃供院外的絕症病人使用，是「請勿用復蘇法」的指示，在大部分州份都可以使用，有時稱為「舒適指示」。這種法律的指示賦予絕症病人自主權，可以戴上手環或在家貼上「告示」，表明在心臟或呼吸停頓時不願接受心肺復蘇法或其他維生措施。當急救人員抵達現場看見「舒適指示」

時，只為病人提供舒適措施，給予病人藥物，但不施行心肺復蘇法或其他維生措施。這種預前指示產生的緣由是，太多身患嚴重的癌症或其他絕症的病人在非自願的情況下被施行復蘇法，並被送進醫院的急症室。「舒適指示」或者類似的「請勿用復蘇法」的指示令病人按自己的意願在家中帶著尊嚴離世。

所有牧者及其他牧養會眾及家庭的屬靈領袖，都應該對預前臨終護理計劃的概念有所了解。所有成年病人（不分年齡）在住進醫院或醫療中心的時候，都會被問及是否有預前指示／生前遺囑，如果沒有，是否想過預前臨終護理計劃。我們的教會和教育團體需要著重這方面的教導，可以使我們的羊羣知道可能遇到的醫療問題，並在這個重要的生命環節中實踐門徒的信仰。我鼓勵你主動地學習自己作為牧者或牧師可以怎樣做，以保證你所牧養的會眾確切知道，自己的信仰習慣及屬靈需要會受到醫護機構裏的重視。這種事情經常發生，到真的發生事故時，你和會眾都會慶幸一早在這方面作了準備。

喪親與哀傷

人不喜歡死亡，這是人之常情。你我都不喜歡死亡。對於我們來說，喪失摯親是非常痛苦的。不幸的是，因為我們本身的問題及我們不認識自己對於死亡和臨終的感覺，很多決定的選擇都受到影響。涉及倫理困境的第三方面往往關係到親友的死亡及哀傷之情。以下患癌的簡（Jane）的例子說明了這一點。

簡是單身女子，在大約五十五歲的時候，開始覺得腰腹綳緊，於是找醫生檢查。隨之而來的是一連串的測試、磁力共振掃描，然後她被診斷為患上肝癌。她的生命只剩下數個月，不知道怎樣度過餘生。她把消息告訴好友瑪格（Marg）。瑪格馬上來探望她，跟她一起抱頭痛哭。有好友分憂，令她安慰。她不知道應該向別的朋友透露多少病情，因為怕他們對她的態度有所改變。不過，她在週末去教會的時候，仍把真相告訴了小組，讓他們為她祈禱。當天，很多教友來探望她，對她表示同情，並答應繼續為她禱告。在接下來的數週裏，她先後在商場和鎮上遇見一些教友，他們問問她的病情、她的近況、醫生對病情的看法或她的痛楚程度等等，但在她簡略回答後，他們似乎就匆忙地結束了對話，藉詞道別了。此後，當她再遇見教友時，他們只是別過頭去，或者正在跟別人交談。簡開始覺得自己好像染了瘟疫，使他們爭相走避。另一方面，她的好友瑪格每週來她家數次，跟她有深入的交談。在被診斷患癌的兩個月後，她的皮膚開始變黃，其他病癥已經很明顯了。她看見自己的終結即將到來。當她試圖跟瑪格談論死亡及臨終時，瑪格卻一反常態，開始責備她，勸她應該「有信心，保持積極的態度，因為態度和信心影響著生存機會和生命素質」。簡對於瑪格不願細聽自己的心聲感到非常失望。她當然知道積極的態度有助於擊退病魔，但她畢竟是正在邁向死亡啊！她需要有人聆聽她的恐懼、疑慮，以及力量衰竭、生命消沉所帶來的失落感。在患病的末期，她愈來愈跟朋友疏離，愈來愈少參加活動。他們對她來說不像以前那麼重要了。她自己閱讀聖經，每天睡得很久。她最渴望的是，有一位真正的朋友伴她走過人生最後的日子。

不幸的是，簡的經歷是絕症病人的典型經歷。支援系統失靈，好朋友或許避而不見，最後，大家都想幫助的病人卻愈發覺得孤獨、絕望。我們作為屬靈領袖、輔導員、長老，應該注意人們這種逃避的不良傾向。我們或可提高會眾的意識，讓他們更了解對死亡的恐懼、哀傷與喪失的種種，以及如何幫助絕症病人。這樣，我們或許能夠在別人需要真正的朋友及心靈倡導者的時候，為簡這樣的病人提供更有力的支持。

預期性哀傷

在親友死亡之前已感受到的哀傷叫做**預期性哀傷**。我們看見親友患上絕症，便開始了**預期性**哀傷。這種哀傷是指我們明白到摯愛即將離開而產生的所有感覺和情緒。我們開始回想自己與病人的關係，無論是好的還是差的方面。當我們想到自己在關係的某些時段中「不夠好」的時候，會有內疚的感覺。此外，想到即將失去摯愛，覺得難以承受，使我們可能會突然否認事實。如果摯愛離開，**我們的**生命將面對巨變，這個想法令人恐懼。我們如果最近剛有其他重大的損失，例如，別的親友離世、離婚、失去工作、家人遠離自己、搬遷、疾病或面對危機，或者我們因其他緣故對目前的生活產生不安的時候，人的本性使我們真的先尋求保持安穩的感覺，來對抗轉變，因此否認自己不忍失去的摯愛即將病逝的事實。

我在急症室或深切治療部見過很多家屬，他們在面對摯愛極可能離世的情況下，陷入倫理困境之中。他們試圖踰越醫護準則和不理會可行的治療，因為他們無法放手，接受病人將死的事實。就算各種治療都沒有效，他們仍堅持一試再試。面對哀傷的家屬提出的要求，急症室或深切治療部的醫護人員進退兩難。他們清楚地知道，如果「不做所有能夠做的事」，家屬很可能提出訴訟，因此他們默許家屬的要求。這很容易導致一種情況，就是家屬**越權管理**病人的護理工作，僅僅因為他們否認現實或者難以面對喪親及哀傷之痛。

哀傷治療師沃登（William Worden）觀察到這種情況，看出混合而不單純的動機在微妙地左右著醫護決定。他寫道：

> 我觀察到一位女士，她的丈夫住在醫院的私家病房裏。她希望能維持丈夫的生命，因此不惜採取極端的治療，從最保守的醫療觀念看來，這些治療仍是非常極端的。表面上，對護士及其他醫護人員來說，她非常關心丈夫，千方百計地維持他的生命。但再深入地看，她跟丈夫的關係很矛盾，而她過火的舉動正反映出這種矛盾心理。[9]

這位女士也許與丈夫的關係不和諧，因此產生內疚感。在很多案例中，關係融洽的病人家屬也會有過火的舉動。沃登強調說：「對喪親的事實加以否認的程度強弱不同，從輕微的扭曲事實到完全的妄想都有。」[10]有些人甚至在摯愛死去後，不能接受現實，整天在家裏陪伴死者，不通知別人！其他類似的驚人反應都有文字記載。

預期性哀傷的另一方面涉及到自我的死亡意識，即更加意識到自己也會死。我們目睹別人與死亡搏鬥時，也看到自己脆弱的一面，知道自己將來也難免一死。我們跟絕症患者交談的時候，感到不安，就是因為害怕面對自己的死亡。這種害怕的感覺能夠微妙地影響著我們對病人的反應和行為，一般表現為躲避他們，或者難以跟他們談論一些困難的話題，例如，臨終的過程、死亡、靈性等，或者一般的失落感。你作為倡導者，必須能夠聆聽病人的心聲，並且接受自己所聽見的。

哀傷及死亡對個人人生觀的影響

絕症病人的親友所經歷的第二個主要的哀傷反應，涉及了臨終及死亡對於人生觀及生活方式帶來的挑戰。死亡令我們思考生命的意義、宇宙的善惡、信仰、基本價值觀等等問題。我們會問：為甚麼會發生這件事？為甚麼是這個人？為甚麼是現在？神在哪裏？為甚麼生命是不公平的？為甚麼會存在罪惡？我以前一直所信的難道是錯的？畢竟，死亡衝擊了我們自認為有權生存的核心信念，毀壞了我們非常重視生命的價值觀。我們在俗世的電視廣告和雜誌裏看見的「敢於面對生命」的態度和「美國夢」，如今受到了死亡的挑戰。在我們的文化裏，我們受到的教導是，要為自己的生命負責，為子女的生命負責，為我們所愛的人負責，要相信自己可以控制事業及未來的發展。當死亡突然闖進我們的生活時，我們心目中的掌控權蕩然無存。隨之而來的是，我們覺得困惑、脆弱，我們懷疑自己的信仰，我們的生活秩序被打亂，我們預期的未來化為烏有。

面對這種對日常生活的挑戰，我們的反應不僅限於憤怒、焦慮、自責、恐懼、自憐而已。在支援病人的時候，我們這些個人困難往往引起問題。支援的關係突然變得複雜，真誠的交往摻雜了很多其他的關注和意圖，使支援的關係遭到破壞。在作醫療決定的處境裏，憤怒、指責及追究責任的行為往往轉向負責照顧病人的醫護人員，因而往往產生更多的誤會，引致倫理問題。在這種情況下，以神學的基礎及醫護意識，來為面對困難及被痛苦和死亡摧殘的人，奠下堅固的支援基石，能對願意陪伴病人走過生命最後一程的倡導者、家屬或朋友提供很大的幫助。提高意識是支援病人的關鍵所在。我們應該在哀傷及喪親方面對教友家庭進行教育。

總括而言，我們探討了有關死亡及臨終的病人三方面的倫理關注：自作主張及自殺、預前臨終護理計劃及預前指示、臨終病人的支持者的喪親及哀傷問題。這三方面都對倡導及作決定產生影響，其中的問題都能衍生倫理困境。

註釋：

1. H. Tristram Engelhardt, Jr., *The Foundations of Christian Bioethics* (Lisse, The Netherlands: Swets & Zeitlinger, 2000), 312.
2. Engelhardt, *The Foundations of Christian Bioethics*, 320.
3. Engelhardt, *The Foundations of Christian Bioethics*, 321.
4. The President's Council on Bioethics, *Taking Care: Ethical Caregiving in Our Aging Society* (Washington, DC: President's Council on Bioethics, September 2005), 142.
5. Samira K. Beckwith, "When Families Disagree: Family Conflict and Decisions," *in Ethical Dilemmas at the End of Life*, edited by

Kenneth J. Doka, Bruce Jennings, and Charles A. Corr (Washington, DC: Hospice Foundation of America, 2005), 152.

6. Bruce G. Bartlow, *Medical Care of the Soul: A Practical and Healing Guide to End-of-Life Issues for Families, Patients, and Healthcare Providers* (Boulder, CO: Johnson Printing, 2000), 28.
7. 請參見 Gundersen Lutheran Medical Foundation（1836 South Ave., La Crosse, WI, 54601）的研究 Respecting Choices，網址為 www.gundluth.org/eolprograms。
8. "Aging with Dignity, Five Wishes," (Tallahassee, FL: Aging with Dignity, 2001)。請見其網址：www.agingwithdignity.org。
9. J. William Worden, *Grief Counseling & Grief Therapy: A Handbook for the Mental Health Practitioner* (New York: Springer, 1991), 110.
10. Worden, *Grief Counseling & Grief Therapy*, 11.

10

倡導者的心靈介入方法

為我們所愛及所關心的人擔任心靈倡導者，實在是毫不輕鬆的事。我在這方面工作了二十多年，還是常常感到難以勝任。我每逢在危機中陪伴受助者時，總覺得力不從心。在很多情況下，我突然收到的電話都來自「信徒朋友」，我曾跟他們有深入的信仰對話，他們在**我的**信仰路上給了我莫大的支持和力量。我每當收到噩耗，得知有朋友的家人被送往醫院，就會心跳加速，呼吸急促。我在繃緊的情況下，四下尋找所需的東西，竭力飛快趕往醫院。驟然之間，一股對好友的感情湧遍全身。我在匆忙找外衣、找車匙的同時，內心很希望病人能搶救過來。我上車後，就開始明白到，這種經驗對於我自己的生命有很大的影響，即使事情是發生在朋友及其家人身上。我意識到，自己將進入的生死攸關的處境，並不是我在觀看或閱讀的電影或小說中的情節，而是有血有肉的生命，後果是真實的，感覺是真實的，恐懼也是真實的。在此情況下，我可能開始不知道自己有甚麼個人的資源可以派上用場，甚至會問，為甚麼趕往醫院的是我。別人難道不比我更好嗎？也許有更有資格或靈命更成熟的人應該可以勝任此職吧？不過，我仍繼續趕路，同時向神祈禱，求神指引我，給我智慧幫助朋友。在這種情況下奉召到場做倡導者，令我感到力有不逮，也令我害怕。

事實上，**你**作為屬靈領袖，有很多機會遇上這種事。所以，你最好裝備自己面對挑戰，使自己準備好接受神的安排做心靈倡導者。本書的目的正在於此。因此，我們的準備的最後部分，是關於倡導者所必須知道的不同介入方法，以便在危機或作決定處境中加以援用。雖然下文所述的介入方法並不是萬全之策，但以我的經驗而言，它們是最重要的。

同在

當你進入危機的處境時，你說甚麼未必重要，更重要的是，你「在場」陪伴朋友或教友一起上路。對他們來說，你的同在是一份禮物。他們前面的路充滿未知之數，他們將進入的往往是陌生的醫療世界，裏面全是科技、儀器、口罩、白色外衣。在醫療程序中，他們與摯愛分開，深深體會到愛莫能助的無奈。此時，能有一位朋友在身邊陪伴，對於他們來說是非常真實、非常重要的禮物，因為這正是他們最需要的。

不幸的是，很多牧者和屬靈領袖都需要就自己的牧養經驗評估和反省一下，是否能做到這種與受助者同在和「在場」的要求。我在多年的院牧工作中，常常需要陪伴一些愁煩的家屬，因為他們的牧者因某些原因或太忙而無法陪伴他們。最常見的情境是，屬靈領袖在深切治療部的等候室面見病人家屬，跟他們快速地祈禱，或者舉行聖餐，然後匆匆離開，滿心以為自己已經盡了分內事。我對牧者、長老、執事的建議是，**陪伴**一位驚惶失措的病人家屬等候對摯愛生死攸關的治療結果，**幾乎**比你的時間表上任何其他事情都重要！在此關鍵時刻，你與家屬**同在**，將使他們終生難忘。「同在」能加深主內的友情，使基督身體的各肢體之間有更密切的關係，也是我們作為神的使者能做的最美好的事情。

我們應受助者的要求擔任屬靈朋友及心靈倡導者的時候，就成為神的使者，進入他們的生命。使徒保羅就此向哥林多教會寫道：

> 願頌讚歸與我們的主耶穌基督的父神，就是發慈悲的父，賜各樣安慰的神。我們在一切患難中，他就安慰我們，叫我們能用神所賜的安慰去安慰那遭各樣患難的人。（林後一3～4）

> 所以，我們作基督的使者，就好像神藉我們勸你們一般。（林後五20）

我們跟朋友一起在醫院裏等待的時候，往往是最關鍵的時候。我們作為基督的使者留在他們身邊，讓他們知道神與他們同在，祂關心並理解他們的處境。我們的同在是一種提醒，告訴他們，神是信實的或不會離棄他們。阿諾德（William Arnold）談及「同在」在關顧工作上的重要性時寫道：

> 聖經中信實的例子俯拾皆是：上帝對以色列民的信實、神的守約、何西阿對歌篾的信實、經常以婚姻比喻神的信實、耶穌的死和復活——都向我們展示出信實的本質。這項嚴格的原則突顯了牧者在關顧時需要做的工作。[1]

同在乃由信實所界定，對某人信實，就是指在他身處危機的整段時間內，對他信實。當我們陪伴神所愛的兒女，與他們同在，願意關心他們的時候，就是一種神的恩典和愛的印記。在此過程中，我們不求有回報，不求有反應。同在可以是默不作聲的，可以用觸手或擁抱來表達，也可以是安坐在旁數小時而無互動的。不靠外在的表達，關顧仍能進行。

同在也讓受助者有更多的空間。有時候，獨處也是重要的。我們與他們同在，不等於跟他們寸步不離。他們對我們心存感激，同時也需要私人時間獨處。我一般都會離開房間一會兒。你可以嘗試故意離開他們一段時間，向他們提出，為他們買飲品或食物，或者在走廊裏走一走，或者到醫院的小教堂裏祈禱。常常細心留意他們的舉動，看看他們何時暫不需要你的陪伴。我們在表達自己認為的關愛的時候，也要看準時機。

我們只是凡人而已，因此我們以為是別人所需要的，卻未必是他們真的需要的。我們不可能知道朋友所思想或經歷的每件事。如果朋友不需要我們在場，我們就大方地接受，不加以判斷。在與朋友相處的時候，我們一方面同在，同時卻不進行干擾，應該辨察他們需要我們做甚麼，然後給予適切的支持。同在是一種微妙的支持，是我們作為屬靈領袖可以給予的最重要及基本的支持。

聆聽

屬靈領袖習慣了給別人建議。他們靈命成熟，通常扮演牧者／導師的角色，在各種的查經班或信徒造就班上授教，或者參與栽培初信者。如果屬靈領袖是牧區牧者，則做過不同類型的講道、教導、勸勉等工作，已經成為他們內在的一部分，令他們能滔滔不絕地講出真理知識。如果屬靈領袖作為倡導者，仍把牧者的特質帶進醫院的話，就會自然而然地掌控局勢，指示別人怎樣做。但是，這剛好是你作為倡導者應該避免做的事情。作為倡導者，你的角色是聆聽、澄清、接受——卻不是**做些甚麼**。身為屬靈領袖，再學習似乎是多此一舉，但身為倡導者，卻非學習不可。

真正的聆聽技巧需要時間才能掌握。它本身是一門學問，需要我們努力練習。我們在生命中，有時確實非常需要別人聆聽自己的心聲。我有一次奉召來到一間病房，病人五十多歲，剛診斷患上末期癌症。我剛剛坐好，他便開始講述自己的經歷。他述及家庭和子女，他多年來與每名子女的磨擦，他如何後悔未能給他們更好的家和更好的經濟保障。他還告訴我，他多麼愛妻子，雖然幾次有外遇的機會，但他仍對妻子忠心不二。他又提及將來，對於為了有安逸的退休生活而辛苦工作，最終卻美夢落空，他非常失望。他一直自述個人的信仰，一刻也沒有停下來。在我和他面見的一個小時裏，我一個字都沒說！這位病友只需要別人聽他說話。最後，他跟我說：「很多謝你的幫忙！」我為他祝福，然後離開病房，心裏在問，自己到底幫了甚麼忙。我所做的只是聆聽，但在過程中，我為他賦予了價值，接受了他的生命旅程。聆聽是真愛的表達。

斯威頓（Gary Sweeten）在其佳作《為神而傾聽》（*Listening for Heaven's Sake*）中列舉了積極聆聽的好處。他在施助者與受助者的關係方面寫道：

> 受助者覺得施助者明白並聆聽他們的處境時，就會對施助者產生深層的信任。對話的節奏由受助者控制，要分享甚麼、分享多少，也由受助者決定。有了這種自由，受助者更加願意以開放、坦誠的態度，全面地披露內心的思想和感情，他們通常會發現自己以前從未意識到的一些想法和感覺，因此對自己有更新、更深入的看法，以致能找出改善生命的新出路。[2]

對於心靈倡導者來說，建立這種信任關係是重要的里程碑。此外，受助者在坦誠地把感想向人表達出來的過程中，也是在做自我輔導，把一些問題清楚地整理出來，再找出解決內心衝突的辦法。他們一般在述說感想之後，就會說：「我現在知道該怎麼辦了。」在引發新的自我意識方面，聆聽是關鍵的元素。那麼，你怎樣能成為更好的聆聽者呢？

最基本的聆聽技巧之一叫做**積極聆聽**或**反映式聆聽**（reflective listening），乃由三項元素構成。斯威頓將之撮述如下：[3]

認清所聽話語的**感受**內容。

認清所聽話語的**思想**內容。

用自己的話語**嘗試概括**或複述所聽的話語。

我們的本性傾向以自己的感受、理解或文化標準來解釋別人的話語。因此，我們需要核對一下自己對於所聽話語的理解是否準確，這是十分有幫助的。故此，我們嘗試概括或複述**自以為**聽到或接收到的對方的思想或感受，是非常重要的。換而言之，我們既然無法看透別人的心思意念，就需要學習作出適當的回應，使我們允許對方重新傳達信息，達到澄清真相的目的。以下是一些有反映作用的回應句子：

聽起來好像是說……

我不知道自己聽得對不對，就是……

我想，我聽見你說……

如果我說錯了，請更正，就是……

我不知道你是否覺得……

我聽見你說……

以上的句子幫助對方知道，你在試圖了解他所說的話，並且也讓他感覺到，你是真正地關心他，也尊重他對有關問題的想法。這些簡短的回應能夠促進溝通，並讓對方覺得，自己的感受確實得到具同理心的聆聽者心領神會。

概括而言，倡導者在陪伴身處危難的朋友或教友時，聆聽是一項重要的工具，不但能顯示出對於身處困境之人的感受的尊重，同時也在表示，沒有人能知道**全部的**答案，或者自以為知道另一個人的想法。對於倡導者來說，雖然掌控大局、制定行動是更加容易的事，但必須克制自己這麼做。事實上，更好的做法是，帶著關愛，以非強迫和尊重的態度，一邊靜聽受助者的話語，並作出澄清，一邊與其並肩同行。

祈禱

在各種困境之中，我多次見到，敬畏神的人往往向神祈禱，而非信徒則對祈禱**連想都不想**。我們身為凡人，面對親友即將離世，難免覺得乏力、無奈，而正是在此情況下，信心的種子萌芽生長，我們尋求生命的主宰——上帝——的面。在有信心的人看來，在如此嚴峻的處境中，沒有甚麼比祈禱更好。祈禱是一種廣為接受的支持方法。另一方面，對於無神論者或躲避上帝的人來說，祈禱是陌生的事情，而當屬靈領袖提出祈禱時，他們可能覺得不安。對於這些人來說，祈禱可能是不適當的，或更甚者，可能對支援關係造成阻礙。有時候，他們無奈及無助的感覺可能透過憤怒或敵意宣洩出來。激烈的負面情緒可能投射在醫護人員，甚至是心靈倡導者的身上。因此，並不能把開聲的祈禱當作是一種常規，廣泛使用於每個家庭或每個處境之中。這也許使你不解，因為祈禱是件重要的事情。然而，我們必須因應不同的處境，慎重地考慮是否進行祈禱。在我看來，祈禱能測試出一個人靈命的成熟程度，也能反映出他的內在生命。它使我重新理解羅馬書十章13節的經文：「凡求告主名的就必得救」。祈禱，無論是受到歡迎或遭到婉拒，都能讓倡導者分辨出困境之中的受助者的心靈狀況。

對於倡導者本身來說，祈禱一般是前往危機現場時所採取的第一項回應行動。我們不知道自己抵達醫療中心或病牀旁的時候將遇見甚麼情況。我們首先想到的是自己的限制，以及欠缺有關知識或危機介入技巧。我們知道，當一連串的事件接踵而至的時候，我們需要上帝的指引和智慧來作出正確的決定。我們不知道自己將需要做甚麼，或情感將受到怎樣無可避免的波動。所以，我們祈禱，急切地祈求神供應我們所需，透過聖靈給我們力量、信心和智慧。我們很多時候在駕車前往面見家屬的途中，向神祈禱。神看重軟弱的人和虛心痛悔的人獻上的祈禱。

在抵達現場之後，面對激動而恐懼的家屬，心靈倡導者應該祈禱甚麼？是否應該祈求延長生命？如果病人危在旦夕，應否祈求一個可能虛假的希望？我們敢在祈禱中否定醫生的診斷嗎？在倡導者關注代禱者的靈命時，神其實期望我們怎樣在各種情況下祈禱呢？這些問題的答案因情況而定，但都必須來自聖靈和藉著神的話語。想要知道神的旨意，並沒有既定的答案或公式。我們在軟弱之中，可以緊緊抓住神的應許。例如，在羅馬書八章26至27節中，保羅用以下一段話鼓勵我們：

> 況且，我們的軟弱有聖靈幫助；我們本不曉得當怎樣禱告，只是聖靈親自用說不出來的歎息替我們禱告。鑒察人心的，曉得聖靈的意思，因為聖靈照著神的旨意替聖徒祈求。

神的應許是，聖靈將在每一個處境中照著神的旨意替我們祈求。至少我們知道，在可見的現實背後，聖靈在替我們代求。我們所說的祈禱必定是出自聖靈的，所說的話語必定是神的默示。話雖如此，我對危機中的祈禱有以下幾點建議，以供參考。

首先，為病人的安全和平安祈求，可以回應病人最迫切的需要，也回應了正在等待的親友的需要。家屬知道摯愛的病人因受重傷而進院，也知道醫護人員正在進行搶救，因此很擔心病人正在承受難忍的痛楚，也非常關心病人最終的安危。在此情況下，我的禱文如下：

> 我們親愛的主，感謝祢在此困境中與我們同在。我們求祢與正在受醫護人員搶救的（病人）同在。求祢照祢的恩典保護他，在搶救人員穩定他的病情、為他治療的當中，讓他安全，減輕他的痛楚，賜他平安。如果他是清醒的話，神啊，請賜給他力量，做他的盾牌。請賜給他信心，使他擁有在這種情況下只有你能給予的信心。請幫助他向祢祈禱，求告祢的名。奉主耶穌的名求。阿們。

這是為病人而說的禱文，不過，與你一起祈禱的人，也將感受到神的力量，相信神會看顧他們摯愛親友的最終安全。在醫療程序把病人和家屬分隔開來，家屬深感無奈和困乏的時候，他們需要這種安慰。他們可以知道，神就在身邊。

其次，求主醫治的祈禱是重要的，也是需要的（雅五13～15）。在大多數情況下，我建議為受傷或病危的人祈求身體上的醫治。耶穌的事工裏有很多對疾病和身體殘疾的醫治，我們也效法耶穌觸摸病人、用油抹人，並進行醫治禱告。參與醫院事工的人都知道，神確實施行醫治，有時候祈禱帶來的康復，是醫學難以解釋的。神蹟確實在發生。不過，神並不是每次都施行醫治。所有人最終都會死亡（或在基督再來的時候都要改變）。在有些情況下，也可以祈求「完全的醫治」，這種醫治只發生在我們離開這個世界，由耶穌接回天家的時候。對醫治的祈求也讓倡導者有機會向親友介紹基督教的神學觀和世界觀。保羅提及與俗世觀念相反的信念時寫道：

> 我們卻是天上的國民，並且等候救主，就是主耶穌基督從天降臨。（腓三20）

最後，在危機之中，我們也可以藉著禱告改變家屬對神的負面看法。我們都知道，有時候悲劇使人離開神。有些人因為生命的困厄而不再信神。例如，許多信仰不深的父母為子女懇求神的保護，而當悲劇降臨在子女的身上時，他們出於害怕和內疚（由於本身的靈命不夠強健）而埋怨神，或者認為神漠不關心，故可能因而遠離神。祈禱在對方允許的情況下，可以用來強調神在困境之中同在，並提醒父母，神愛他們的子女，並將繼續在整個危機之中陪伴他們。父母在這場噩夢之中，如果知道神不但在場，而且非常關心他們的子女，將滿懷盼望。我還記得有一次在急症室陪伴一對父母的情形。他們每年只去教會三、四次。他們的女兒被車撞倒，身體多處內傷，情況危殆。她的母親用哀求的語氣跟我說：「神是不是在懲罰我？我的女兒不能死。她是我的一切。」她的父親看樣子很憤怒並說：「你想祈禱就祈禱吧，我可不相信。」我想著神對這名小女孩的愛，想著生命中許多悲劇的發生都不是出於神的旨意，心裏已想好了禱文。我默默地祈求神，賜給我適當的措詞，讓這對父母知道，神並沒有製造這場意外來懲罰他們，祂也不會在他們的憂傷之中離棄他們。我開口為他們祈禱，以肯定的語氣說出神的愛和俗世的罪惡，並且讓他們知道，神在意外時與他們的女兒同在，並在她躺在病牀上的時候正陪著她，也會在將來繼續跟她在一起。靠著神的恩典，小女孩生還了。我希望，就算在病人可能離世的情況下，這種的祈禱可以蒙神悦納，為可能疑惑的親友帶來神的愛、神的同在、神使人平安的拯救。

悔改和寬恕

我是在醫院的走廊上遇見布賴恩娜（Brianna）的，她把我叫住，問我可否在醫院的小教堂為她施洗。我跟她一起坐下，了解一下詳情。她有兩名女兒，目前單身，患了末期骨癌。她正申請在臨終的日子住進我們醫院的寧養病房。她在家裏沒有人照顧，而她的身體正日漸衰殘。她已經不能再獨自留在家中了。她解釋自己的情況時說道：「我在浸信教會（Baptist church）裏長大，但從來沒有受洗。然後，我結了婚，生了女兒，離了婚，期間都沒再接觸教會。不過，神在我病中賜給了我力量，我希望自己的罪得到赦免。」我們談論了福音的信息和赦罪。在祈禱之後，我們定了洗禮的日子。我還記得，她受洗當天穿著隆重，在儀式開始前已經抵達，獨自祈禱。我到達的時候，她已經準備就緒。我誦讀了一些經文，把布放在一碗水裏浸濕，然後擠水在她的頭上，給她施洗。水從頭頂流到面頰，跟她喜悅的淚水交融在一起。她在事後說：「我從來沒這麼感動過。擔子挪開了。我覺得自己很輕省，甚至能飛呢！我準備好面對將來的事了。」這「將來的事」就是即將來臨的死亡。我覺得很榮幸，可以與神同工，參與改變她的生命，也覺得是神的恩典，讓我可以看見她受洗時那種幸福的表情。

之後的幾週裏，我常常去寧養病房去探望她，跟她祈禱。死亡愈來愈近了。她有幾次要求領聖餐，並在每次聖餐之後都覺得信心更大了。她想到了神透過耶穌對她的寬恕，以及神對她的大愛。在這些日子裏，她得以正視自己與前夫和女兒的疏離關係，至少能夠透過長途電話跟他們復和。據我所知，她們在她生前沒有探望過她。不過，她似乎理解她們的處境，經常跟我說：「她們現在知道我愛她們了。」她死後，我感謝神讓我曾遇見這位滿有信心的姊妹，她讓我知道如何在臨終前處理個人的問題，也知道神的恩典是多麼的大。每當我回想跟她的友誼和在基督內合一，就覺得她帶來了一種祝福。

我們自知生命將終結的時候，通常會回顧或總結生命。我們緬懷過去，試圖為生命的整個經歷找出意義，思索自己做過甚麼及成就了甚麼。在很多情況下，我們情願以不同的方式重新再來一次，我們內心充滿了懊悔。這些懊悔可能涉及我們所建立的關係或所做的事，它們讓我們覺得遺憾。無論是我們所犯的罪還是我疏忽之罪，都令我們十分懊悔而深感不安。我們生命中最重要的關係，也就是與神的關係，肯定在我們的回顧中佔一席位。我們需要悔改。

悔改是指「改變意念」而導致的「回轉」。[4]悔改是指因為罪而「依著神的意思憂愁」（林後七10），並且回轉過來，往反方向走。在舊約中，在先知拿單的責備下，大衛因與拔示巴犯罪而悔改（詩五十一篇）。在新約中，施洗約翰的信息強調「天國近了，你們應當悔改」（太三2）。悔改就是最終承認人的限制。我們沒有人是完美的，沒有人能完全地按應有的方式和態度生活。在生命臨終之際，「洗淨不義」以及向神和別人承認我們的失敗，對於我們來說是重要的。

悔改也包含了認罪和寬恕。「神絕不是在沒有應許會寬恕人的情況下要人悔改。新約作者清楚寫明，徹底的悔改是人力所不能及的。我們需要悔改，也需要神讓我悔改。進行悔改，卻沒有獲寬恕的盼望，這種悔改是扭曲了的悔改。」[5]我認為，這也說明了聖禮為何如此有力，成為我們信心的確據。我們帶著認罪的心領聖餐，在儀式過程中體會到，神透過主耶穌基督的死賜寬恕給我們為禮物。在洗禮裏，我們也是從心裏承認人的需要，承認依靠耶穌做我們生命的主。兩種聖禮都包含了悔改和寬恕，滿足了人重要的及深層的「和好」的需要。

布賴恩娜也需要與女兒復和，及對她們之間的疏離有個了結。她能夠原諒他們未能在她臨終的日子裏前來支持她。我不知道她們之間疏遠的原因，不過我確實知道，布賴恩娜已經盡了全力使自己在困境中獲得平安。

這對她來說並非易事。伯約克（Ira Byock）也道出給予寬恕的困難，不過是以情緒經濟的角度來闡述。他寫道：

> 如果認為人是需要被人寬恕，才能去寬恕人，就是錯的。實際上，寬恕是一種情緒經濟，就是說，一次性地付清代價，來結清多年來滾存的情緒上的痛苦，就像一次性的投資損失。拒絕寬恕意味著，你願意支付對你造成的傷害所滾存的痛苦的代價，這代價是所受的傷害的一千倍，就是說，你將永遠地背負這個代價，而它累積著負情緒能量。[6]

我們在臨終的日子尤其需要給予寬恕，因為我們已經沒有甚麼機會改變一個處境或者一個關係。在此情況下，寬恕成為生命裏其中一件最重要的事情。

能夠作為神的器皿，幫助別人進行悔改和寬恕，是令心靈倡護者喜悅的事情。我們能夠聆聽、理解、接受受助者，並協助他們照著聖經的應許，開口寬恕人，可以帶給他們希望和平安，無論他們身處生命的哪一個階段。

盼望

在屬靈倡導的事工中，以上所述的各種屬靈資源、介入方法和支持都指向同一個方向：盼望。我們在醫療決定的處境中進行倡導，並在倫理困境中提供資源，這種行動**本身**已經給危機中的病人及家屬帶來盼望。我們所給予的各種支援，例如同在、聆聽、祈禱及協助悔改、寬恕等等，都給極需援手或依靠的人帶來盼望。心靈倡導者是神在子民中工作的使者，給乾旱困苦之地帶來神的平安。

從基督教的角度來看，盼望是指「跳出自己的圈子，向外尋求資源和可指望的應許」。[7]當我們相信神的應許和旨意最終會實現時，盼望成為我們生命的一部分。當我們閱讀聖經，看見歷史上神的大能如何行在子民之中，並知道永生之主現在就在介入我們的生命時，心裏就有了盼望。我們得以相信神對我們的關愛，並且知道「不可倚靠自己的聰明」（箴三5）。基督徒必須「學習不單靠自己」，[8]才能經歷到盼望。我們只有知道神的應許，知道自己在神心目中的價值，才能找到盼望。我們最終的安全感和安全是天父賜予的，因此我們把生命交託給祂。

在這樣的定義下，心靈倡導者可以透過幾方面來加強受助者的盼望。閱讀聖經中神的應許可以建立信心和盼望（羅十17）。很多聖經版本都附有按主題分類的經文目錄，供患病的、孤單的、恐懼的、缺乏信心的、需要指引的人參考。屬靈領袖都有自己喜愛的聖經金句，甚至可以隨時背誦出來。例如詩篇二十三篇常用於安息禮拜，提醒我們，神答應過在我們「行過死蔭的幽谷」時，做我們的牧者。很多其他經文也道出神對子民的應許，提醒我們可以把盼望放在神身上。

另一種加強盼望的方法是，引導受助者回顧在危機裏靠信心得勝的個人經歷。我們在困難的時候，回想起神曾經如何幫自己渡過難關，就增添了力量。心靈倡導者可以問受助者，回想**以前**遇見類似困難的時候，他們是怎樣靠神的恩典得勝的，這樣可以帶來盼望，使他們相信這一次也能得勝。這種信心回顧的反思，使我們發掘自己的恩賜和內在的資源，也讓我們再次依靠神，在困境裏找一條出路。第三種加強盼望的方法是，讓受助者回想以往的瀕死經歷。我們很多人都能記得自己接近死亡的經歷，或者可能導致我們死亡的處境，而我們都得到保護，安然渡過危險。有時候，回想這種經歷會使我們非常激動。不過，我們也為能安然脫險而感謝神，而這些想法和記憶可以轉化成對目前困境的新見解，知道神以前曾救過我們，因此以後也會救我們。這種回顧為我們帶來盼望。屬靈領袖能夠幫助別人堅固對神的信心，是一種很大的祝福。信靠神、仰賴神，就為神的名帶來榮耀。

結語

你無論是主內的護士、醫生、教會長老、牧者、牧師、主日學教師、鄰舍，還是靈裏的弟兄姊妹，神都已呼召你成為朋友及主內肢體的支持者和倡導者。你既已明白到倫理困境中受助者所需要的倡導支持，就有了新的呼召，去以前覺得難以應付的處境中進行服事。可以肯定的是，這方面的需要是殷切的，神將為你預備道路，讓你去支持面對醫護方面的倫理困境的人。我渴望做的，就是幫助你了解這個新種類的醫護倡導事工。如果你能在基督教倡導工作方面經歷真正的成長，這本書就能稱得上是成功了。

耶穌基督的門徒自跟從主以後，生命就有了新的使命，進入新的階段。我們受召到醫療中心，在生死關頭把愛帶給有需要的人。我們必須更加了解個人的問題（無論是神學上還是情緒上的問題），因為這些問題影響著我們，也影響著受助者家屬。受助者受到在互相競爭的價值觀衝擊，並且身處倫理的困境。在這樣的醫療處境中，帶著神的使命來伸出援手的人可以帶來安慰，使受助者感覺到神的同在。在現今的社會，這方面的事工是刻不容緩的。

註釋：

1. William V. Arnold, *Introduction To Pastoral Care* (Philadelphia, PA: Westminster, 1982), 41.
2. Gary Sweeten, Dave Ping, and Anne Clippard, *Listening for Heaven's Sake* (Cincinnati, OH: Teleios, 1993), 108.
3. Sweeten, *Listening for Heaven's Sake*, 109.
4. Arnold, *Introduction To Pastoral Care*, 51.
5. Arnold, *Introduction To Pastoral Care*, 52.
6. Ira Byock, *The Four Things That Matter Most* (New York: Free Press, 2004), 62～63.
7. Arnold, *Introduction To Pastoral Care*, 63.
8. Arnold, *Introduction To Pastoral Care*, 64.

附錄

〈希波克拉底誓言〉

我謹此向醫療衞生諸神及天地諸神發誓，將按自己的能力及判斷力遵守本誓約。

我將待授我醫術的老師如親生父母，終生視之為伙伴，在其需要時與其共享我的財產，並視其後代如我的兄弟，在其需要時免費授其醫術，不計條件。我將把醫術透過言傳身教授予我的後代、老師的後代及發誓遵守本誓言的學生，此外別無他人。

我將按自己的能力及判斷力醫治病人，絕無傷害或不當之意圖。

我絕不會應要求向任何人施用致命藥物，也不會發出該類指示。同樣地，我不會協助婦女墮胎。我將聖潔地生活和行醫。

我絕不會使用手術刀，即使對結石患者亦如是，我將留待此方面之專家為之。

我無論進入誰家，都以幫助病人為本，絕無不當及傷害之意圖，尤其不侵犯男人或女人之身體，無論其為主或為奴。

我於醫務內外與人交往時之所見所聞，凡不可向外透露者，均將視之為神聖的祕密，絕不洩露。

我若堅守本誓言，願我永得生命與醫術上之盛譽；但我若違約或發假誓，願我名譽掃地。

（見W.H.S. Jones, *Hippocrates*, vol. 1[London, 1923], 299～301。）

緊扣時代 服事教會

以文字傳揚基督真道

讀者意見表

衷心多謝你購買本社書籍。本社一直致力以出版事工服事教會，幫助信徒扎根於神的話語，促進靈命增長。為使我們的出版更能滿足你的需要，請填寫下列各項資料，並寄回或傳真予本社。

所購書籍：________________

本書最吸引你的地方：

☐作者　☐適切性　☐文筆　☐設計　☐實用性

☐其他：________________

購買本書地點：

☐基道書樓　☐基督教書店　☐非基督教書店

性別：☐男　☐女　職業：________________

信仰：☐基督徒　☐非基督徒

年齡：☐ 16 歲或以下　☐ 17～25 歲　☐ 26～35 歲
☐ 36～55 歲　☐ 56 歲或以上

學歷：☐中三或以下　☐中五　☐預科
☐大學　☐研究院

☐我欲更多了解基道出版社的事工及考慮支持，請寄給我下列資料：

☐機構簡介　☐新書資料　☐基道會員通訊

☐《基道文字事工通訊》

姓名：________________電話：________________

地址：________________

____

傳真：________________ 電子郵件：________________

其他意見：________________

____

多謝賜教！

意見表可以傳真（2687-0281）或直接郵寄以下地址：
香港沙田火炭坳背灣街26號富騰工業中心1011室
基道出版社編輯部收